Dans la même collection :

Le Dico des Indiens
Le Dico des Gallo-romains
Le Dico des chevaliers
Le Dico des chevaux
Le Dico des Égyptiens
Le Dico de l'astronomie
Le Dico de la musique
Le Dico des pirates et des corsaires
Le Dico de la préhistoire
Le Dico de la danse
Le Dico des grandes découvertes
Le Dico de l'écologie
Le Dico des Grecs
Le Dico de l'archéologie
Le Dico des chiens

Graphisme : Elisabeth Ferté

Connectez-vous sur : www.lamartinierejeunesse.fr

Valérie Guidoux

Le Dico des Chats

Illustrations

Amandine Labarre

De la Martinière Jeunesse

PETIT GUIDE D'UTILISATION

ALIMENTATION

Le chat est un carnivore. À l'état sauvage, il ne se nourrit que de proies. Les boîtes lui offrent aujourd'hui une alimentation variée qui lui convient très bien.

Notre chat est issu de la DOMESTICATION d'un animal du désert, c'est pourquoi il boit peu (l'eau contenue dans ses proies peut lui suffire, et ses urines sont très concentrée). À la maison, il vient à tout moment laper quelques gorgées d'eau (celle-ci doit être changée chaque jour dans son bol). Il boit davantage quand il est nourri d'aliments secs (des croquettes). Mangeant peu à chaque fois, car dans la nature il chasse de petites proies, le chat est un grignoteur qui revient souvent prendre une petite bouchée dans son plat. Si on lui sert deux repas par jour, il ne faut pas s'étonner qu'il réclame dans la journée…
Il arrive la queue dressée, se frotte contre les jambes de son maître ou de sa maîtresse… il a faim. À peine servi, il inspecte brièvement le plat : en cas de nouveauté, il hume longuement et si le plat lui convient, se met à table. Le chat apprécie les goûts amer, acide,

salé, mais ne sent guère le sucré. Habitué tout petit à une alimentation variée, il sera moins difficile. Mais quel que soit le menu, le chat mange mieux si son plat est propre et placé un peu à l'écart, au calme et loin de la litière.

ALLAITEMENT

La chatte allaite ses petits durant 6 à 8 semaines.

Durant cette période, elle mange comme deux. Au début, le lait

PETIT TEXTE D'INTRODUCTION
permettant de mettre en avant certaines informations (définition, étymologie…)

Une dizaine de doubles pages thématiques se présentant de la manière suivante :

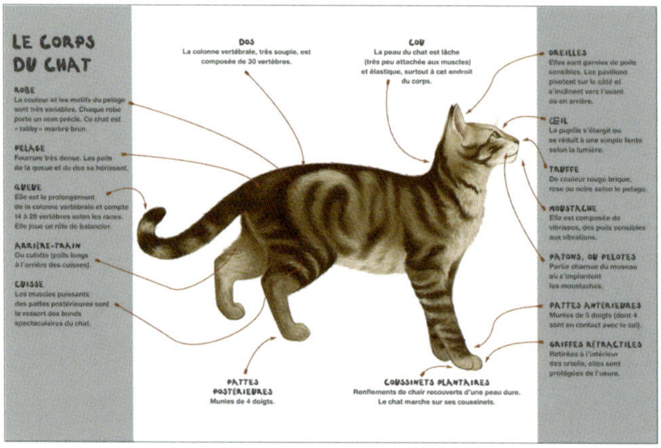

UNE GRANDE IMAGE PRÉTEXTE À DE NOMBREUSES LÉGENDES FLÉCHÉES

maternel suffit au chaton : il est deux fois plus nourrissant que le lait de vache. À partir de la quatrième semaine, la chatte apporte progressivement des proies à ses petits. Pour les chats d'appartement, une pâtée adaptée aux chatons remplace cet apprentissage. Après 6 semaines, la chatte a moins de lait, et les petits sont sevrés à 8 semaines.
Dès le troisième jour, chaque chaton a sa tétine. Les plus hardis se sont appropriés les tétines postérieures, qui produisent plus de lait. Ils n'en changeront pas jusqu'au sevrage. Pendant qu'il tète, le chaton pousse la mamelle avec ses pattes : cela dégage son nez, il respire plus aisément et en même temps, ce geste permet au lait de couler plus facilement. Le **PÉTRISSAGE** se retrouve chez le chat adulte quand il est sur les genoux de son maître.

ALLURES

Le chat se déplace la plupart du temps au pas, d'une démarche en diagonale, souple et silencieuse.

Il avance alternativement une patte avant et la patte arrière du

11

MOTS EN GRAS
qui renvoient à d'autres mots expliqués dans l'ouvrage

ENTRÉE
classée par ordre alphabétique

UN GRAND VISUEL CHOISI POUR SA QUALITÉ DE DOCUMENT HISTORIQUE

UNE PLANCHE ENCYCLOPÉDIQUE POUR COMPARER PLUSIEURS ÉLÉMENTS

ABYSSIN

Ce chat très élégant ressemble au chat sacré des fresques égyptiennes. L'abyssin est la race la plus proche du chat ganté égyptien, espèce sauvage à l'origine de notre CHAT DOMESTIQUE. La plupart des abyssins portent un pelage brun orangé qui rappelle celui du lièvre.

ACCOUPLEMENT

La rencontre entre la chatte et les mâles a souvent lieu la nuit, dehors.

Quelques MATOUS attirés par la chatte en CHALEUR s'observent, s'affrontent brièvement. La chatte miaule, se roule par terre, ronronne, gémit… De temps à autre un mâle s'approche, mais le plus souvent elle lui souffle à la figure et le repousse, furieuse. Celui qu'elle choisit pourra la flairer de plus près. Elle s'aplatit au sol, le postérieur relevé, le mâle l'immobilise en la mordant au cou pour éviter les morsures. Quelques secondes plus tard, alors que le matou se retire, la chatte pousse un cri et se retourne pour le mordre, car le pénis du mâle est hérissé de papilles cornées qui la blessent… tout en favorisant la fécondation (car cette irritation contribue à déclencher l'ovulation). La scène se reproduit une dizaine de fois, avec le même matou ou avec l'un des patients spectateurs qui l'entourent.

ADOPTION

Les refuges qui recueillent les animaux abandonnés proposent à l'adoption des chats adultes et des chatons.

On peut aussi adopter le chat d'une portée signalée par le vétérinaire, ou par des voisins. Quand

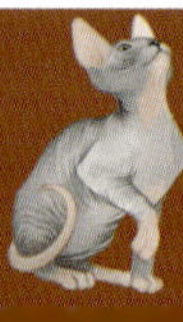

on adopte un chat adulte, il faut lui laisser le temps de s'installer. Pour être bien, un chat doit se familiariser avec les lieux, les imprégner de son odeur. Il s'attache d'abord aux lieux, et ensuite seulement, aux personnes.
Parfois, c'est l'inverse : un chat adopte une maison. Il s'approche, revient, apporte une souris, s'assied sur le rebord d'une fenêtre, entre si la porte est ouverte... Et, si on lui fait bon accueil, le voilà chez lui. Accueillir un chat, c'est une responsabilité pour de longues années : il a besoin de contact, de soins, de liberté aussi. En retour, il offre une présence souvent tendre, calme, joyeuse à l'occasion, avec une légère distance qui invite au respect.

ÂGE

Un chat domestique vit souvent jusqu'à 13 ou 15 ans, certains atteignent 18 ans et plus. Les chats sauvages, eux, sont plus exposés aux accidents.

À la fin de sa première année, le chat atteint l'âge adulte, on dit qu'il a 20 ans en âge humain. Ensuite, chaque année dans la vie d'un chat compte comme 4 ans dans une vie humaine (ainsi pour un chat, 2 ans = 24 ans, 3 ans = 28 ans, etc.). À 15 ans, le chat est comme un humain de 76 ans : sa **VIEILLESSE** demande une attention particulière.

AGOUTI

Sorte de poil portant une alternance de zones sombres et claires sur sa longueur.

Chez tous les chats **TABBY** (rayés), les parties les plus claires du pelage, entre les rayures sombres, sont composées de poils agouti : un poil dont la couleur varie sur la longueur. La pointe du poil est noire, puis vient une bande jaunâtre, puis une bande sombre, et la base du poil est grise. Beaucoup d'animaux sauvages portent ce type de poil, comme notre chevreuil.

Cette forme de poil doit son nom à l'agouti, un mammifère rongeur des forêts tropicales d'Amérique du Sud.

ALIMENTATION

Le chat est un carnivore. À l'état sauvage, il ne se nourrit que de proies. Les boîtes lui offrent aujourd'hui une alimentation variée qui lui convient très bien.

Notre chat est issu de la DOMESTICATION d'un animal du désert, c'est pourquoi il boit peu (l'eau contenue dans ses proies peut lui suffire, et ses urines sont très concentrée). À la maison, il vient à tout moment laper quelques gorgées d'eau (celle-ci doit être changée chaque jour dans son bol). Il boit davantage quand il est nourri d'aliments secs (des croquettes). Mangeant peu à chaque fois, car dans la nature il chasse de petites proies, le chat est un grignoteur qui revient souvent prendre une petite bouchée dans son plat. Si on lui sert deux repas par jour, il ne faut pas s'étonner qu'il réclame dans la journée...

Il arrive la queue dressée, se frotte contre les jambes de son maître ou de sa maîtresse... il a faim. À peine servi, il inspecte brièvement le plat : en cas de nouveauté, il hume longuement et si le plat lui convient, se met à table. Le chat apprécie les goûts amer, acide,

salé, mais ne sent guère le sucré. Habitué tout petit à une alimentation variée, il sera moins difficile. Mais quel que soit le menu, le chat mange mieux si son plat est propre et placé un peu à l'écart, au calme et loin de la litière.

ALLAITEMENT

La chatte allaite ses petits durant 6 à 8 semaines.

Durant cette période, elle mange comme deux. Au début, le lait

maternel suffit au chaton : il est deux fois plus nourrissant que le lait de vache. À partir de la quatrième semaine, la chatte apporte progressivement des proies à ses petits. Pour les chats d'appartement, une pâtée adaptée aux chatons remplace cet apprentissage. Après 6 semaines, la chatte a moins de lait, et les petits sont sevrés à 8 semaines.
Dès le troisième jour, chaque chaton a sa tétine. Les plus hardis se sont appropriés les tétines postérieures, qui produisent plus de lait. Ils n'en changeront pas jusqu'au sevrage. Pendant qu'il tète, le chaton pousse la mamelle avec ses pattes : cela dégage son nez, il respire plus aisément et en même temps, ce geste permet au lait de couler plus facilement. Le PÉTRISSAGE se retrouve chez le chat adulte quand il est sur les genoux de son maître.

ALLURES

Le chat se déplace la plupart du temps au pas, d'une démarche en diagonale, souple et silencieuse.

Il avance alternativement une patte avant et la patte arrière du

côté opposé. Dans un passage étroit, il marche «l'amble», soulevant les deux pattes d'un même côté en même temps. Cela permet d'occuper le moins de largeur possible, l'équilibre étant maintenu par la queue, qui sert de balancier. Le chat se met parfois au trot, poussé par sa curiosité ou son appétit. Le galop est réservé au jeu, à la chasse, ou à la poursuite des intrus. Ses courses sont rapides (jusqu'à 50 km/h), mais brèves : sa capacité respiratoire est limitée, et ses pattes postérieures, profilées pour bondir, ne peuvent encaisser longtemps les chocs d'une course.

AMITIÉ OU INIMITIÉ

Entre chats, certains s'entendent à merveille, d'autres pas.

Ces comportements très repérables invitent les humains à considérer attentivement leur chat : chacun a son CARACTÈRE, qui se manifeste aussi dans les relations avec les autres chats.

Quand deux chats voisins sont amis, l'un invite l'autre pour une promenade, ou pour une séance de jeu, ou tout simplement pour passer un moment, l'un assis là, l'autre ici... Ces échanges pai-

sibles ou joyeux tournent rarement à la dispute. Quand l'un d'eux s'absente, l'autre le cherche ; à son retour, l'absent se précipite pour voir son ami... Les deux chats se lèchent les oreilles mutuellement, font la sieste côte à côte... Mais le contraire existe aussi : des chats qui se détestent, l'un terrifiant l'autre.
Faire vivre plusieurs chats ensemble dans un lieu clos n'est pas forcément simple. Des chats de la même portée s'entendent bien, tandis que des chats étrangers peuvent s'apprécier... ou pas. Une sorte de hiérarchie règle alors le partage de l'espace et du temps : le chat dominant occupe les lieux stratégiques, près du fauteuil, du bol, de la porte du jardin... et le plus craintif doit ruser avec les exigences du maître des lieux.

ANGORA

Le chat angora est une des races les plus anciennes. Il vient des hauts plateaux d'Asie Mineure, à la limite de la Turquie et de l'Iran. En 1620, un explorateur italien a ramené en Occident ce chat élégant, revêtu d'une soyeuse fourrure blanche. On ne rencontre pas souvent de chats angoras, mais cette race est à l'origine d'autres chats à poils longs plus répandus, comme le persan, le Maine coon, le balinais...

APPARTEMENT

Le chat est souvent choisi comme animal de compagnie en appartement, parce qu'il n'a pas besoin de sortir pour faire ses besoins... Pourtant, il garde son instinct de chasseur et a besoin de liberté.

Enfermé toute la journée, toute la nuit, toute la vie, le chat doit trouver quelques distractions, en dehors du sommeil et de la nourriture. Le contact avec les maîtres et les câlins en font partie – à condition qu'il ne soit pas tout seul du matin au soir – mais aussi le jeu, et quelques parties de CHASSE imaginaires : assis devant la fenêtre, au passage d'une mouche ou d'un oiseau, le chat claque des dents, mimant la mise à mort de la proie. Stimulé par l'aube et le crépuscule, il se réveille tôt le matin, et fait parfois

une « crise du soir » : il court follement de-ci, de-là, se jette sur les chevilles de son maître… il ne faut pas lui en vouloir, c'est l'heure de la chasse. Une bonne séance de jeu le calmera. La PROMENADE avec son maître peut le distraire de temps à autre, mais l'idéal, c'est de pouvoir sortir seul dans un TERRITOIRE familier.
S'il a l'occasion de séjourner dans un lieu ouvert, après un temps d'adaptation, un chat d'appartement devient plus actif, moins nerveux, il a le poil brillant… c'est la belle vie.

ARBRE À CHAT

Accessoire vendu en animalerie, qui permet au chat de se percher.

L'arbre à chat est une sorte d'aire de jeux pour chat d'APPARTEMENT : il comporte une plateforme perchée que le chat peut atteindre en sautant, souvent soutenue par un pilier dans lequel le félin peut planter ses griffes à loisir. Aujourd'hui, on trouve des modèles à échelle, à cachette, à pouf, à tunnel, à brosse… bref, l'arbre à chat est un jouet complet,

mais cela vaut-il le plaisir de grimper sur une bonne vieille gouttière ?

ARCHE DE NOÉ

Selon la tradition islamique, la création du chat par Allah, dieu des musulmans, est étroitement liée à l'existence des rats.

La *Chronique de Tabari* (récit de l'histoire du monde de la création jusqu'au prophète Mahomet, écrit

au IXe siècle) raconte que le porc et le chat n'existaient pas sur terre avant le Déluge. Noé avait fait embarquer tous les animaux sur l'arche, pour les sauver des eaux. Comme l'arche était envahie d'ordures et d'excréments, Noé passa la main sur le dos de l'éléphant, le porc sortit de l'anus de celui-ci, et se mit à manger les saletés qui étaient dans l'arche. Quelque temps après, les rats étaient devenus très nombreux dans l'arche. Alors Noé passa sa main sur le dos du lion, qui éternua : le chat sortit du nez de cet animal, et se mit à manger les rats... ce qu'il continue à faire depuis lors.

ARISTOCHATS

Dessin animé des studios Walt Disney, réalisé par Wolfgang Reitherman (1970).

Les amours d'O'Malley, le matou, et de Duchesse, la chatte élégante, mettent en scène l'opposition entre le chat de **GOUTTIÈRE**, voyou à la vie aventureuse, et le chat de **RACE**, animal raffiné, élégant et choyé par ses maîtres. Le chat des rues a des manières un peu rudes, mais au moins, sa vie est amusante, c'est en tout cas l'avis des trois chatons de Duchesse, et leur mère le trouve tellement séduisant... L'histoire illustre à merveille la double vie des chats, et leur talent pour les **CONCERTS** nocturnes sur les toits des villes.

ATTITUDES

(VOIR LES ATTITUDES P.16-17)

Les postures du chat, la position des **OREILLES** et de la **QUEUE** témoignent de ses émotions.

Quand il s'approche bien droit, la queue dressée, il est d'humeur amicale. S'il s'allonge et se couche ventre en l'air, la tête renversée, c'est qu'il a parfaitement confiance. S'il est abaissé sur lui-même, près du sol, la queue collée au corps et agitée, les oreilles couchées, c'est que le chat a peur... S'il se grandit, arque le dos, hérisse le poil, tend les oreilles et tient sa queue en l'air, c'est l'excitation, la colère... Et dans une **BAGARRE**, la peur et la colère sont souvent mêlées.

LES ATTITUDES

La position de la queue, des oreilles, les postures et les mouvements du chat disent clairement son humeur, de la confiance à la colère en passant par la peur.

L'un des chats est en posture défensive, l'autre a le dessus, mais là, il s'agit plutôt d'un jeu.

En pleine confrontation, la queue est rabattue entre les pattes, les oreilles sont aplaties sur les côtés ou en arrière, les yeux mi-clos. Le chat gronde ou feule.

Deux chats se menacent et tentent de s'intimider en miaulant fortement. Le chat peut passer en un clin d'œil de la peur à l'attaque.

La queue dressée, les oreilles orientées vers l'avant, le chat en alerte tente d'impressionner l'adversaire en faisant le gros dos et en hérissant ses poils.

Couché, en éveil, le chat est vigilant, ce dont témoigne la position de ses oreilles : chaque pavillon peut pivoter indépendamment de l'autre vers une source sonore.

Dans une approche amicale, lorsqu'il est en confiance, le chat se tient bien droit, la queue dressée, les oreilles mobiles.

BAGARRE

La plupart du temps, les chats évitent les bagarres : les rivaux font semblant de ne pas se voir, ou font jouer la priorité au premier arrivé.

Deux chats qui se croisent aux abords de leur territoire peuvent rester longtemps immobiles, assis, à s'observer ou à faire un brin de toilette mine de rien, aucun ne se décidant à passer devant l'autre. Parfois, un petit coup de langue sur le pelage de l'intrus apaise la tension, un peu comme un signe de la main, chez les humains : ça ira pour cette fois, mais ne reviens pas.
Si l'affrontement ne peut pas être évité, le chat menace en bombant le dos, fonce sur l'intrus, et c'est la bagarre, ponctuée de feulements et de miaulements furieux. Un combat de boxe à coups de pattes, toutes griffes dehors, peut tourner au violent corps à corps : roulés-boulés, chacun labourant le ventre de l'autre ou le mordant au cou. Celui qui a le dessous n'a que deux solutions : s'enfuir (mais il faut courir très vite), ou cesser toute résistance, se tenir immobile : cette posture d'INHIBITION décourage peu à peu le vainqueur…

Au bout d'un moment, il s'écarte et se lèche le pelage pour se calmer, tandis que le vaincu s'éloigne sans demander son reste. La paix est revenue, au prix de griffures et morsures parfois assez graves à la face ou aux oreilles, là où le pelage ne protège pas assez la peau.

BÂILLER, S'ÉTIRER

Après chaque petite sieste, au moment de se remettre en mouvement, le chat remet la machine en route : il bâille largement, puis il se cambre et s'étire, les pattes antérieures loin en avant, les griffes sorties. Mâchoires, pattes, griffes, tout fonctionne à merveille ? Il est prêt, le prédateur… même s'il n'a rien d'autre à chasser qu'un bouchon abandonné sur le tapis.

BAIN

Donner un bain au chat, ce n'est vraiment pas une bonne idée : le chat fait sa toilette lui-même et

ne demande rien à personne. Mais s'il arrive un jour qu'il revienne d'une balade complètement sali… bon courage ! En douceur, installer l'animal dans un évier (pour être à sa hauteur) et l'arroser d'eau à 39°. Utiliser un shampooing pour chat, éviter de mettre de l'eau dans ses oreilles et de la mousse dans ses yeux. Certains chats de race, présentés par leur maître dans les EXPOSITIONS FÉLINES, sont bien obligés de s'habituer au bain.

BANDES DESSINÉES ET DESSINS ANIMÉS

(VOIR FÉLIX LE CHAT P.22-23)

Alors que dans les dessins animés, les chats sont surtout des chasseurs, dans les bandes dessinées, c'est plutôt leur regard sur les hommes qui est mis en scène…

Voici quelques exemples de ces chats observateurs, qui ne se privent pas de dire ce qu'ils pensent sur les humains.
Créé en 1978 par Jim Davis, *Garfield* est un gros chat roux très paresseux, qui se moque de son maître, un célibataire dragueur et maladroit. 42 albums racontent la vie de cet énergumène énervant et plein d'humour qui aime les souris et son ours en peluche.
Le Chat de Geluck n'a rien du chat sinon le nom, la tête et les pattes : en costume, assis dans un fauteuil ou debout, il exprime des sentences comiques sans bouger d'un poil, il nous regarde et commente l'actualité chaque jour, depuis 1983, dans le journal *Le Soir*, en Belgique.

Le troisième larron est *Le Chat du rabbin*, de Joann Sfar. Compagnon d'un rabbin, ce chat très attachant se pose beaucoup de questions. Il est tiraillé entre sa vie animale et sa curiosité intellectuelle, et depuis qu'il a avalé un perroquet, il parle… et il ment, comme tout le monde.
Élégant, souple, agile et bondissant dans ses courses sans fin avec la souris, le chat se prête à merveille aux dessins animés : le plus célèbre est FÉLIX LE CHAT, créé en 1919. Supplanté par Mickey – une souris ! – dans les années 1930, le chat revient avec TOM ET JERRY, TITI ET GROSMINET, LES ARISTOCHATS…

BASTET

Déesse égyptienne
à tête de chatte.

Le dieu Soleil, Râ, avait envoyé sur terre Sekhmet, sa fille à tête de lionne, pour faire régner la paix parmi les Égyptiens. Mais Sekhmet, divinité guerrière, massacrait les populations : Râ la fit transformer en chatte. Bastet et Sekhmet sont donc des déesses jumelles. Bastet incarne la douceur, la fécondité et les vertus maternelles de la chatte. Protectrice des mères, des bébés et des enfants, déesse de la musique, de la beauté de la FEMME, de l'amour et des récoltes, cette déesse féline était très vénérée en ÉGYPTE, environ 1000 ans avant J.-C. Dans le temple de Saqqarah se trouvait une statue de la déesse et une CHATTERIE (élevage) sacrée : tout un peuple de chats était choyé par les prêtres… mais beaucoup de cha-tons étaient tués et momifiés, pour être donnés en offrande à la déesse.

Statuette de la déesse Bastet,
Égypte, 550 avant J.-C.

FÉLIX LE CHAT

Créé en 1919 par Otto Messmer et Pat Sullivan, Felix le chat est le premier chat de dessins animés. Il ruse sans fin pour trouver à manger et un petit coin où dormir.

On en reste soufflé..!

NON, METTEZ-Y PLUTÔT CE POULET _ FÉLIX RÔDE DANS LES PARAGES !
L'ENDROIT ME PARAÎT FAVORABLE, NOUS ALLONS JOUER ici.
7
8
9
10
PAT-SULLIVAN
12

BATEAUX

Le chat a accompagné l'homme dans tous ses voyages à travers les mers : sur les bateaux, sa présence était indispensable pour lutter contre les rongeurs toujours présents.

Colbert, ministre de Louis XIV (XVIIe siècle), édicta même une loi selon laquelle il devait y avoir au moins deux chats sur chaque navire, pour protéger les marchandises et les provisions. C'est ainsi, en suivant les hommes, que les chats se sont répandus partout sur la terre… tout comme les rats.

BIBLIOTHÈQUES

Comme il y a des « rats de bibliothèque » (on appelle ainsi les personnes qui sont tout le temps parmi les livres), il y a aussi des chats…

Avant l'invention de l'imprimerie au XVe siècle, les livres étaient recopiés à la main par les moines et conservés dans les bibliothèques des monastères. Or, les rongeurs adorent émietter le papier pour installer leur nid. Les moines favorisaient donc la présence des chats, pour lutter contre les dégâts faits par les souris et les rats.

BONDIR

Chez tous les félins, la chasse repose sur une attente et une approche discrètes, suivies d'un bond souvent fatal à la proie. La capacité de détente est impres-

sionnante : sans élan, le chat peut franchir d'un saut 5 fois la longueur de son corps. Ce sont les pattes postérieures qui donnent l'impulsion. Repliées en angles marqués, pourvues d'une musculature puissante, elles se détendent brusquement lors de l'impulsion. Le chat bondit en arc de cercle sur sa proie au sol, et s'il chasse un oiseau ou un papillon, il saute verticalement avec tout autant d'énergie.

CÂLINS

Quand il n'a rien demandé, le chat reçoit volontiers une caresse, mais il peut aussi se montrer indifférent.

Il préfère venir lui-même la chercher : il saute sur le fauteuil ou sur le bureau, frotte sa tête contre un genou ou une épaule, cherche la main, se couche sur le livre ou la feuille... Pas moyen de se dérober !
Élevés dans un rapport plein de douceur avec leur mère, les chats demeurent toute leur vie des adeptes de la tendresse, des câlins... C'est aussi parce que leur **RELATION AVEC LE MAÎTRE** consiste un peu à prendre celui-ci pour une sorte de mère. Le chat renouvelle fréquemment des gestes de confiance, comme d'appuyer son front contre le front de son compagnon humain. Enfin, ses **FROTTEMENTS** contre les meubles, les jambes, sont une façon de laisser sa propre odeur, qui le rassure.

CARACTÈRE

Calme ou plutôt inquiet,
joueur ou autoritaire,
indépendant ou archi-câlin,
ombrageux ou joyeux...
chaque chat a son caractère.

Une dame joyeuse et paisible s'émerveille du caractère heureux de son chat roux, mais est-ce si étonnant ? Si un chat et son compagnon humain s'entendent bien, c'est bien souvent qu'ils se répondent à merveille. Une personne qui a besoin d'affection entraînera son chat dans la tendresse, une autre qui apprécie la présence discrète de l'animal l'encouragera plutôt à jouir de son indépendance, un enfant confirmera le chat dans son tempérament joueur...

L'interaction avec le maître ou la maîtresse peut renforcer tel trait, décourager tel autre... mais pas toujours. On ne peut pas forcer un chat à accepter un câlin. Pour bien vivre avec son chat, il vaut mieux ne pas trop l'envahir, comprendre et respecter son caractère propre. Sa présence devient alors d'autant plus intéressante.

On dit que les chats de telle ou telle RACE sont plus câlins, ou plus indépendants : ce n'est pas faux, mais les différences d'un individu à l'autre sont importantes. Pour CHOISIR UN CHATON, il faut le rencontrer.

CASTRATION

Ablation des testicules
du chat mâle, l'empêchant
de se reproduire.

95% des chats mâles sont castrés (surtout en ville). Cette opération, qui consiste à supprimer les testicules (sous anesthésie), évite les inconvénients liés à la vie sexuelle du MATOU : marques urinaires accompagnées de mauvaises odeurs, bagarres. Le chat devient plus paisible... mais ne se transforme pas forcément en « traîne-coussins ». Après la castration (qui peut être faite à partir de 7 mois), un mâle qui sort restera vif et alerte.

La castration des mâles et la STÉRILISATION des femelles empêche les PORTÉES indésirables.

CHALEUR(S)

Période durant laquelle
la femelle est disponible
pour l'accouplement.

Brusquement, la chatte devient très agitée : elle se frotte contre tout ce qu'elle rencontre, se roule par terre, pousse des miaulements déchirants. C'est le moment de l'ovulation, où la femelle peut être féconde et cherche la rencontre avec les mâles. Les « chaleurs » durent une dizaine de jours et se produisent trois fois par an, entre février et septembre. La chatte cherche à sortir de la maison par tous les moyens, et les MATOUS des environs accourent, attirés par son odeur et ses appels sonores. Ombrageuse, elle provoque les mâles tout en se montrant agressive. Elle finit par accepter les avances de l'un d'entre eux.

L'ACCOUPLEMENT peut alors avoir lieu, jusqu'à 30 fois par jour... ou plutôt par nuit, car c'est souvent la nuit que cette scène bruyante se déroule. La chatte peut s'accoupler avec plusieurs mâles : les chatons d'une même portée seront de différents pères. Les femelles STÉRILISÉES ne connaissent pas de chaleurs.

CHANGEMENTS, DÉPLACEMENTS

Le chat n'aime pas les changements. Il est très attaché à son lieu de vie, et renouvelle sans cesse ce lien par une tournée de FROTTEMENTS. Pour quelques jours d'absence, il vaut mieux le laisser à la maison, si quelqu'un peut lui apporter à manger. S'il faut vraiment partir, le PANIER l'aidera à vivre le transport le plus calmement possible. Arrivé à destination, il faut le laisser un jour

ou deux à l'intérieur avant de lui ouvrir la porte. Une fois familiarisé avec le nouveau lieu, il saura où revenir après ses promenades.

CHARTREUX

Originaire d'Iran et de Turquie, le chartreux serait arrivé en France au XVIe siècle, à bord de navires de commerce sur lesquels il assurait sans doute la chasse aux rongeurs. Sa fourrure très dense a longtemps été vendue par les pelletiers. Le « chat bleu » aux yeux dorés est un animal très doux et calme, indépendant et réservé.

CHASSE

(VOIR LE CHAT EN CHASSE P.30-31)

Comme tous les félins, le chat est un prédateur, qui ne perd jamais son instinct de chasseur.

Dès l'âge d'un mois, le chaton se met à chasser. Au début, il chasse surtout les mouches, apprenant avec elles toutes les étapes de la chasse. Bientôt, la mère rapporte des souris à ses petits, pour qu'ils s'exercent à les attraper et à les mettre à mort. À 2 mois, le chaton est devenu un chasseur et un tueur aguerri. Même s'il vit en appartement, il redeviendra chasseur, dès qu'il pourra sortir.
Les **PROIES** du chat sont des animaux de petite taille : petits rongeurs, **OISEAUX**, jeunes lapins ou jeunes **RATS**, lézards ou insectes, et plus rarement, des **POISSONS**. Il chasse et mange seul, principalement au crépuscule, durant la nuit, ou au petit matin. Ce sont les heures où s'activent ses proies favorites, les petits rongeurs (**SOURIS**, campagnols, mulots).
Son excellente **VUE** lui permet de repérer le moindre mouvement dans l'obscurité. Parfaitement silencieux dans ses déplacements,

il entend ses proies grâce à son OUÏE très fine. Il se met alors à l'affût, patient et immobile, et ne bondira qu'au moment le plus propice. La proie est saisie entre les griffes et mise à mort d'une seule morsure à la nuque. Un chat qui chasse pour se nourrir dévore sa proie. Sinon, il la délaisse, ou peut jouer longuement avec l'animal avant de le mettre à mort. Mais ce n'est pas parce qu'un chat est bien nourri qu'il renoncera à chasser : l'instinct de prédateur est le plus fort.

CHAT

Le mot « chat » a une longue histoire… et une grande famille !

Les Égyptiens appelaient le chat *mau*, transcription du *miaou*. Hérodote, l'historien grec qui parle le premier du chat, l'appelle *ailouros*, qui signifie « celui qui balance la queue ». Plus tard, les Romains l'appelait *felis* (comme les félins), ou *musio*, nom composé à partir du mot latin désignant la souris, *mus*. Au IVe siècle apparaît enfin le mot latin *cattus*. Ce mot vient d'un mot africain, *kadista*, qui donna *qett* en arabe, *katta* en grec, puis *chat* en français, *gatto* en espagnol, *cat* en anglais, *Katze* en allemand, etc. Une fois installé dans la langue française, le mot *chat* a fait des petits… *Chatte*, *chaton*, *chatière* ou l'ancien *chatter* (faire des chatons) sont les plus simples. Mais il y eut aussi des portées de mots moins gentils : *chattement* (d'une façon caressante, trompeuse, hypocrite), *chattemite* (personne qui fait semblant d'être humble et flatteuse) et *chatterie* (gourmandise, coquetterie, fausse gentillesse)… et des portées de mots plus amusants, comme *chatouille*, *chatoiement*… le dictionnaire est plein de chats !

« CHAT À NEUF QUEUES »

Nom donné à une sorte de fouet.

LE CHAT EN CHASSE

L'approche

Dès qu'il repère une proie, le chat se fige pour l'observer durant de longues minutes. Puis il s'approche à pas de loup, la tête baissée, le corps près du sol.

À l'affût

Tapi au sol, oreilles et moustaches dirigées vers la proie, pupilles dilatées, la queue s'agitant légèrement, le chat attendra le temps qu'il faudra pour attaquer.

« À vos marques »

Juste avant de bondir, le chat est prêt à la détente, son arrière-train se redresse et oscille, il dodeline de la tête, ne tient plus en place : feu !

Le bond

Sous l'impulsion donnée par les pattes postérieures, le chat bondit en arc de cercle et fond sur la proie. Le bond est parfois précédé d'une course brève.

Dans les pattes du chat

Les griffes emprisonnent immédiatement la proie, puis une morsure à la nuque assure sa mise à mort.

Jouer à la souris

Les chatons inexpérimentés, mais aussi les chats d'intérieur, reportent la mise à mort et jouent longuement avec leur proie, qui tente vainement de se sauver.

(Suite CHAT À NEUF QUEUES)

Au XVIIIe siècle, les Anglais, dont la marine fonctionnait avec une discipline de fer, mirent au point un fouet à neuf lanières munies de pointes de fer, spécialement destiné à punir les marins rebelles, et nommèrent cet instrument de torture… le « chat à neuf queues ».

CHAT BOTTÉ

Celui qui ne possède qu'un chat possède pourtant un trésor : c'est ce que raconte le Chat botté, conte de Charles Perrault.

Tout le monde connaît l'histoire de ce chat rusé et beau parleur, qui fit la fortune de son jeune maître en le prétendant « marquis de Carabas ». Sa mission accomplie, dit le conte, « le Chat devint grand seigneur, et ne courut plus après les souris que pour se divertir. »

Cette histoire s'inscrit dans une longue tradition de récits dans lesquels le chat, animal du pauvre, porte bonheur à son maître… grâce à ses talents de chasseur (voir aussi l'histoire de Richard WHITTINGTON). Un porte-bonheur toujours à double face : menteur, malhonnête, effrayé par l'ogre quand celui-ci se change en lion mais se ruant sur lui dès qu'il se fait souris, le bel animal botté et portant chapeau trompe tout le monde, sauf son maître…

CHAT DOMESTIQUE

Le chat de gouttière et toutes les races de chats appartiennent à une seule et même espèce : le chat domestique, dont le nom scientifique est *Felis silvestris catus.*

Le chat domestique n'a pas toujours existé : il est apparu il y a environ 5 000 ans, avec l'essor de l'agriculture. Désormais, ce petit félin chasseur de rongeurs devient une aide précieuse pour protéger les cultures des hommes. On attribue la DOMESTICATION du chat aux Égyptiens. Le chat domestique, après des millénaires de vie auprès des hommes, a gardé toutes les caractéristiques physiques d'un FÉLIN, et bien des traits de comportement, comme l'instinct de la chasse.

CHAT ET SOURIS

L'histoire des chats auprès des hommes a suivi de près celle des RATS et des SOURIS. Ces ani-maux font des ravages dans les greniers, en dévorant les grains et en les souillant de leurs déjections. Tuant autant par jeu que pour se nourrir, le chat est un chasseur de rongeurs très effi-cace. Les chansons, les contes, les fables, les BANDES DESSINÉES et autres aventures imaginaires du chat mettent souvent en scène ce couple inséparable : le chat et la souris.

CHAT NOIR

À la fin du Moyen Âge, le chat noir était considéré par l'Église catholique comme une créature du diable, amie des SORCIÈRES.

Le pape Grégoire IX décréta en 1233 que toute personne abritant un chat noir risquait le bûcher. Est-ce parce que le pelage noir rend les yeux du chat plus inquiétants ? Est-ce parce que cette couleur, symbole de la nuit et de la mort, n'était portée que par les prêtres ?

En tout cas, le chat noir, plus que tous les autres, a connu bien des SUPPLICES. Seuls les chats noirs portant une touffe de poils blancs, « la marque de l'ange », étaient épargnés. Si aujourd'hui encore, on entend parfois dire que voir

Affiche de Steilein pour le cabaret Le Chat Noir (1896).

passer un chat noir porte malheur, c'est le souvenir de ces temps où on le prenait pour le diable.

CHAT PERCHÉ

Volontiers perché pour observer son domaine, le chat ignore le vertige et explore toutes les hauteurs accessibles.

Pour cela, il peut **BONDIR** (jusqu'à 1,50 m d'un bond), ou grimper : il s'agrippe avec les pattes avant et prend appui sur les pattes arrière, en s'aidant de ses griffes.

Pour redescendre, c'est plus compliqué : les chatons ont parfois du mal à se lancer la tête la première, mais si on les laisse au calme, le temps nécessaire, ils finissent toujours par y arriver.

C'est à ce goût des hauteurs que le chat doit son nom de « gouttière » : parcourir les toits ne lui fait pas peur. Il peut traverser le vide sur une passerelle à peine plus large qu'un manche à balai… et s'il perd l'**ÉQUILIBRE**, il a de bonnes chances de **RETOMBER SUR SES PATTES**.

CHAT SAUVAGE

Le chat sauvage ou chat forestier (*Felis silvestris*) vit depuis la nuit des temps dans les forêts d'Europe.

Très timide et discret, il se nourrit à 90% de petits rongeurs, qu'il chasse à l'aube et au crépuscule dans la forêt ou en lisière. Longtemps pourchassé par l'homme

qui le soupçonnait de détruire le gibier (lièvres, faisans), il est aujourd'hui protégé. C'est un chat tigré au pelage épais, au corps dense, plus massif que le **CHAT DOMESTIQUE**.

CHATIÈRE

Ouverture pratiquée dans la partie basse d'une porte et permettant à un chat d'entrer et de sortir à sa guise.

Cette installation simple permet de préserver la liberté du chat, surtout pour ses allées et venues nocturnes : plus la peine de lui ouvrir la porte... ce qui ne l'empêchera pas parfois de miauler pour sortir, juste histoire d'attirer l'attention. Inconvénient : un autre chat peut entrer dans la maison (si le maître des lieux le laisse faire). Il existe aujourd'hui des chatières qui ne livrent passage qu'à un seul chat, portant une puce électronique.

CHATON

(VOIR LA CROISSANCE DU CHATON, P.36-37)

Les yeux clos, sourd à tous les sons, recouvert d'un mince duvet, une minuscule créature rampe vers la tétine de la chatte et s'y accroche ... avant de s'endormir. Les trois premières semaines après la **NAISSANCE** sont délicates. La température interne du corps est encore basse et la chatte doit tenir ses petits au chaud. Cette fragilité n'est que provisoire : le chaton se développe avec une rapidité qui n'a d'équivalent que chez les lapins et les souris.

LA CROISSANCE DU CHATON

Naissance

À la naissance, le chaton pèse à peine 100 g. Sourd, les yeux fermés, il repère les tétines de sa mère à l'odeur et au toucher. Il passe 90% du temps à dormir, blotti contre la chatte qui le maintient au chaud.

10 jours

À l'âge d'une semaine, le chaton ouvre les yeux. À 10 jours, il se tient sur ses pattes. À 13 jours, il entend les sons. Les yeux des chatons sont d'abord bleus, ils changent de couleur vers 3 semaines.

1 mois

À un mois, le chaton trottine dans la maison et commence à jouer avec ses frères et sœurs. Il pèse environ 500 g, fait ses besoins tout seul et peut goûter autre chose que le lait maternel.

1 mois et demi

Les chatons sont sevrés à un mois et demi. Ils savent faire leur toilette. Ils jouent entre eux et peuvent chasser une petite proie. C'est aussi l'âge de la socialisation, où le contact avec les hommes et avec d'autres animaux est important.

3 mois

Dès l'âge de 2 mois, le chaton se livre à toutes sortes d'acrobaties. À 3 mois, il peut être adopté, quitter sa famille et s'adapter à un nouvel environnement.

6 mois

Le chat a atteint sa taille adulte, même s'il doit s'étoffer encore. Il pèse un peu plus de 2 kg. Ce n'est plus un chaton, mais un jeune chat : il devient solitaire, explore son territoire, apprend le respect en rencontrant ses voisins.

(Suite **CHATON**)

À 1 mois, il sait marcher, courir, sauter, manger, faire sa toilette et ses besoins, et même chasser. Sa mère fait son **ÉDUCATION**, et la présence de ses frères et sœurs ainsi que les contacts avec les humains et d'autres animaux contribuent à façonner son caractère.

Après les deux premières semaines, durant lesquelles ils passent 90% du temps à dormir, la vie des chatons s'anime. Leur enthousiasme au **JEU** ou à la chasse aux mouches, leur curiosité, leurs acrobaties, leur maladresse, les tendres séances de **TOILETTE** et les longues siestes pêle-mêle sont un spectacle sans égal. Tous les chatons ont les yeux bleus : la couleur définitive apparaît entre 6 et 12 semaines. À partir de 2 mois, le chaton peut mener une vie indépendante, c'est le moment où il peut être adopté. À 6 mois, c'est un jeune chat.

CHATTE

La chatte peut avoir des petits dès l'âge de 6 mois (1 an chez certaines **RACES** à poils longs), et jusqu'à 12 ans environ. Mais il vaut mieux attendre qu'elle ait 1 an et demi pour la laisser avoir une première portée. Si elle n'est pas **STÉRILISÉE**, la chatte est en **CHALEURS** trois ou quatre fois par an. En dehors de ces moments, elle est dit-on, plus discrète, moins démonstrative qu'un mâle, douée pour apprendre... et moins facile de caractère, ce qui fait aussi son charme.

CHATTERIE

Élevage de chats de race destinés à être vendus.

En France, les élevages sont souvent familiaux, et spécialisés dans une race. L'élevage doit être déclaré à la préfecture et avoir un numéro d'identification. Lors de l'achat, l'éleveur remet à l'acheteur une attestation d'identification (**TATOUAGE**), la carte d'inscription au livre généalogique si le chat a un **PEDIGREE**, des informations sur les caractéristiques et les besoins de l'animal, un certificat de bonne santé délivré par un vétérinaire. La vente d'un chaton ne peut intervenir qu'à

partir de 8 semaines. Il existe de petits tests pour bien CHOISIR UN CHATON dans une portée.

CHIEN ET CHAT

« S'entendre comme chien et chat », ce n'est pas très bon signe.

Le chien et le chat sont les deux animaux domestiques les plus proches des hommes, jusqu'à habiter la maison, mais ils ne s'entendent pas toujours... Spontanément, le chien se rue sur le chat en aboyant, le chat s'enfuit et se perche, mais s'il se retourne, le chien recule, effrayé par les coups de griffes et les crachements furieux du félin. Bref, c'est la menace permanente, sans réel danger puisque chacun se protège, et sans victoire.
Cette relation peut tourner à la distance respectueuse – chacun évitant l'autre – ou bien à l'amitié. Un chien et un chat habitués

Il est rarissime qu'un chien parvienne à attraper un chat. À force de courses vaines, le plus souvent le chien se lasse et finit par tolérer la présence du félin.

ensemble dès la jeunesse s'entendent souvent très bien, jusqu'à dormir côte à côte.

Quant à la **RELATION AVEC LE MAÎTRE**, la différence entre chien et chat saute aux yeux. Le chien, animal de meute, considère son maître comme le chef de la meute et développe à son égard un comportement de soumission.

Le chien peut être dressé, associant facilement telle ou telle attitude à la récompense ou à la punition. Au contraire, si un maître peut dans une certaine mesure **ÉDUQUER SON CHAT**, celui-ci demeure indépendant et n'obéit jamais.

CHOISIR UN CHATON

C'est entre 6 et 8 semaines que l'on peut rencontrer et choisir un chaton, même si on le laisse avec sa mère encore quelque temps.

Ils sont tous mignons ! Il y a le petit roux, celui qui a une tâche blanche, celui qui est tout tigré, celui qui a le bout de la queue trempé dans l'encre… Quand on a le choix dans une portée, comment faire ? Il ne suffit pas de choisir la couleur. Un chat, c'est d'abord un mâle ou une femelle, ce qui n'est pas très facile à distinguer quand ils sont petits. Ensuite, un chat, c'est un caractère, il faut prendre le temps de l'observer, et faire quelques tests simples :

• Saisir le chaton par la peau du cou entre le pouce et l'index, et le soulever. S'il se recroqueville et ferme à demi les yeux, c'est normal : sa mère lui a appris ce réflexe d'**INHIBITION**. S'il se débat, il sera irritable et difficile à vivre.

• Lancer une petite boule de papier. Si le chaton joue, tout va bien. S'il reste immobile et prostré, c'est qu'il faudra beaucoup de patience pour entrer en contact avec lui…

• L'observer au moment du repas : est-ce qu'il pousse les autres et se sert en premier, est-ce qu'il reste en retrait ? Dans ce cas, ce sera un chat timide et craintif.

Une fois le chaton choisi, il faut revenir le voir souvent, quelques minutes, pour qu'il s'habitue à son futur compagnon humain.

COLLIER, CLOCHETTE

« Attacher un grelot au cou d'un chat », c'est se lancer dans une entreprise difficile et contraire au bon sens…

Et pourtant, les propriétaires de chats affublent parfois leur animal de cet accessoire, sous prétexte de l'empêcher d'attraper les oiseaux (prévenus par le bruit de la clochette), ou de mettre son nom sur le collier. Le chat muni d'un collier s'habitue, certes, mais il fait peine à voir, ce félin puissant et silencieux, partout annoncé par son petit grelot… et parfois il arrive quand même à attraper les oiseaux !
Le collier est dangereux : le chat qui se faufile partout peut être coincé et étranglé. Pour identifier le chat, seul le **TATOUAGE** est sûr, et le collier ne doit être utilisé que quand le chat est sorti en laisse, le temps d'une **PROMENADE**.

COMMUNICATION

Le chat dispose de bien des moyens pour faire connaître sa présence et ses émotions aux autres chats et aux humains.

Même quand il est silencieux, les ATTITUDES de son corps en disent long sur son humeur (position des OREILLES, de la QUEUE, posture d'ensemble). Mais s'il donne de la voix, le message devient encore plus clair, car il dispose d'un répertoire très varié, du ronronnement au crachement en passant par toutes sortes de MIAULEMENTS, que même son maître apprend à comprendre.

Il laisse sur son passage des odeurs, à destination de ses congénères. Un petit jet d'urine est laissé sur les troncs, les plantes, les murs, par le mâle aussi bien que par la femelle. Cette « carte de visite » souvent renouvelée informe les autres sur l'identité, les dispositions sexuelles, l'âge, les allées et venues du chat, simple visiteur ou maître des lieux... Très souvent dans la journée, le chat tend le dos et se frotte. Ce FROTTEMENT est une façon d'imprimer son odeur sur une personne ou un lieu familiers. Enfin, le chat laisse des messages visuels : des GRIFFADES sur les troncs, ou sur les fauteuils.

Tous ces signaux permettent au chat de se sentir chez lui, mais aussi de savoir à quoi s'en tenir sur ses voisins.

COMPAGNIE, ANIMAL DE

Depuis leur DOMESTICATION, les chats ont toujours été avant tout, pour les hommes, des animaux utiles : ils protégent les récoltes en tuant les souris et les rats, mangeurs de grains. Tout en chassant les souris, le chat est devenu l'animal du foyer, accepté en hiver près de la cheminée, partageant la vie de la maison, proche des FEMMES...

Cet animal familier, mais capable à tout moment de montrer son instinct sauvage de chasseur, inspirait pourtant la méfiance. En Europe, au Moyen Âge, on le

soupçonnait d'être lié au diable ou aux SORCIÈRES.

Depuis le XIXe siècle, les chats sont devenus des animaux de compagnie, aimés et protégés. Aujourd'hui, il y a environ 400 millions de chats dans le monde. La France en compte 8,1 millions. À la campagne, ils sont encore largement utilisés dans la lutte contre les rongeurs, mais en ville, les chats sont avant tout des compagnons.

CONCERTS

Les concerts de MIAULEMENTS ont lieu le plus souvent la nuit, à l'occasion des CHALEURS d'une chatte, et des disputes entre mâles qui en découlent. Nulle intention musicale dans ces échanges sonores qui peuvent réveiller tout un quartier.

Pourtant, les voix de chats sont si impressionnantes et variées, de la plainte jusqu'au cri de rage,

que des musiciens en ont imaginé des versions chantées, comme le fameux *Duo des chats*, composé par Rossini vers 1860, ou celui de Maurice Ravel, sur des paroles de Colette, dans *L'Enfant et les sortilèges* (1925).

CONFORT

Est-ce le souvenir des longues siestes partagées avec sa mère ? En tout cas, le chat a le sens du confort. Il choisit toujours avec soin l'endroit où se livrer au **SOMMEIL**. L'hiver, ce sera volontiers le lit, un coussin, un pull ou un manteau laissés sur une chaise, ou une paire de genoux hospitalière, près du radiateur ou au coin du feu... l'été, ce sera plus souvent un tapis d'herbe sous les fleurs, ou le carrelage frais d'une cour.

COUSSINETS

Le chat est un animal « digitigrade » : il marche sur la pointe des pattes. Aussi les coussinets plantaires, renflements de chair

recouverts d'une épaisse peau cornée, placés sous les orteils, sont-ils essentiels. Ils lui permettent de se déplacer très silencieusement, d'atterrir en douceur ou de s'arrêter brusquement en pleine course. Lisses et très sensibles, ils sont aussi porteurs d'un sens tactile, comme le bout de nos doigts : grâce à eux, le chat tâte le terrain, ressent les vibrations du sol, la chaleur, l'humidité, les matériaux.

CROISSANCE

À la naissance, le **CHATON** pèse environ 100 g et mesure 14 cm. Il double son poids en neuf à dix jours, mais la croissance est

moins rapide par la suite. À 3 mois, il atteint 1 kg, à 5 mois, 2 kg, et à 7 mois et demi, 3 kg. À l'âge de 1 an, le chat a son poids adulte : environ 4 kg pour un mâle, 2, 5 à 3 kg pour la femelle. La taille moyenne des adultes est de 40 à 50 cm, auxquels s'ajoutent 30 à 35 cm de queue, pour une hauteur au garrot (au sommet de l'épaule) de 30 cm environ.

CURIOSITÉ

La curiosité du chaton l'entraîne dans des explorations et des expérimentations sans fin…

Après 6 mois, si le chat vit en appartement, sans sortir, sa curiosité s'émousse. Mais s'il en a la possibilité, il continue à explorer. Il traverse les jardins, visite un hangar, grimpe sur un appui de fenêtre pour regarder l'intérieur, et si la voie est libre, n'hésite pas à entrer pour chaparder une tranche de jambon dans la cuisine…

Même immobile, le chat observe tout ce qui se déroule autour de lui et en tire des conclusions : il peut ainsi apprendre à s'agripper à une poignée pour ouvrir la porte, ou à pousser pour ouvrir la CHATIÈRE.

DISPARITION

Le chat disparaît parfois un jour ou deux, puis réapparaît sans explication… ou ne revient jamais. Sa liberté n'est pas sans risque… qu'il faut savoir accepter.

Quand un chat ne rentre pas durant un jour ou deux, c'est peut-être que sa promenade s'est prolongée d'une rencontre et l'a entraîné un peu loin… Au-delà, c'est que quelque chose lui est arrivé, car les chats sont attachés à leur lieu familier.

Chercher son chat est une affaire de logique. C'est le soir, quand il y a moins d'agitation et de bruit, qu'il pourra le mieux vous entendre l'appeler le long des rues, des jardins. Les voisins l'ont peut-être vu ? Un chat explorateur peut avoir été enfermé quelque part par inadvertance, ou s'être retrouvé prisonnier derrière une

palissade... Un tour du pâté de maison suffit parfois à retrouver le chat, ou bien il revient de lui-même après quelques jours.

Dans le cas contraire, un appel au Fichier central félin, qui recueille les informations sur les chats à partir de leur TATOUAGE, permet de savoir si le chat a été retrouvé, mort ou vivant. Souvent, la disparition du chat reste un mystère : c'est le prix de sa liberté.

DOMESTICATION

Processus par lequel une espèce sauvage devient domestique, c'est-à-dire liée aux hommes.

Le chat domestique est le résultat de la cohabitation entre les paysans d'ÉGYPTE, il y a environ 5000 ans, et une espèce de chat sauvage, le chat ganté (*Felis lybica*) : les petits rongeurs se multipliant auprès des hommes, qui cultivaient des céréales, certains chats gantés auraient chassé ces proies... débarrassant ainsi très utilement les agriculteurs. Pour domestiquer ce précieux chasseur, c'est-à-dire le rendre familier avec les humains et s'attacher sa présence, les Égyptiens ont sans doute élevé des portées de chatons, en les habituant à leur contact. Après des générations, le chat est devenu de plus en plus « domestique », tandis que le chat ganté d'origine, lui, poursuivait sa vie sauvage. Cette espèce existe toujours, et les individus se laissent assez facilement apprivoiser. La même histoire s'est sans doute produite en Asie Mineure, et peut-être encore plus tôt, avec le chat orné (*Felis ornata*). Entre ces deux lignées, une nouvelle espèce est apparue, façonnée par les hommes : le CHAT DOMESTIQUE (*Felis silvestris catus*).

EAU

Issu d'un animal du désert, notre CHAT DOMESTIQUE boit peu, et évite les contacts avec l'eau.

Dans la nature, l'eau contenue dans le corps de ses proies suffit à son hydratation, sans que le chat ait besoin de boire. Ce n'est pas le cas dans la vie domestique : le

chat boit très peu, mais souvent, et il est très sensible à la saveur de l'eau, qui doit être propre.

Malgré son pelage imperméable, il s'abrite de la pluie, déteste le bain, et marche avec répugnance dans l'herbe mouillée. Peut-être parce que son pelage est très sensible, et lui sert constamment à marquer son odeur par ses frottements ? Le chat turc Van, race de la région du lac Van, en Turquie, est une exception : il n'hésite pas à plonger dans l'eau pour pêcher le poisson.

ÉCRIVAINS ET ARTISTES

(VOIR COLETTE ET SES CHATS P.48-49)

Le chat accompagne souvent la vie des artistes, qui apprécient son caractère indépendant.

Même aux temps où les chats étaient mal aimés, il y a toujours eu des écrivains pour apprécier leur présence et le dire, comme Joachim du Bellay qui écrit en 1558 l'épitaphe de son chat,

Photo de Colette en 1935 écrivant entre les pattes de Chatte Dernière.

L'ÉCRIVAIN COLETTE AVEC SES CHATS EN 1925

Colette a mêlé ses chats à sa vie et à ses livres.

« À l'espèce chat, écrit-elle, je suis redevable d'une certaine sorte, honorable, de dissimulation, d'un grand empire sur moi-même, d'une aversion caractérisée pour les sons brutaux et du besoin de me taire longuement. »
(Les Vrilles de la vigne, 1908)

Belaud. Mais c'est à la fin du XIXe siècle que le chat envahit les arts et la littérature. Du *Chat Murr*, d'Hoffmann au *Chat noir*, d'Edgar Poe, il hante les histoires ; des *Fleurs du mal* de Baudelaire au *Bestiaire* d'Apollinaire, il reçoit l'hommage des poètes, et devient le compagnon des artistes. On le voit sur les tableaux de Renoir, Bonnard, Foujita, Picasso… il traverse les aventures d'*Alice au pays des merveilles* de Lewis Carroll et plusieurs des livres de Colette. Cette femme écrivain du début du XXe siècle a décrit à merveille ce qui fascine les amoureux des chats : leur présence légère et vive, et le caractère si particulier de chacun. Étendus sur la table des écrivains, la patte sur la feuille ou le clavier, les chats continuent à les inspirer sans le savoir…

ÉDUCATION

Après les deux premières semaines, le chaton encore vacillant sur ses pattes apprend à vivre. Sa mère lui montre la **TOILETTE**, la **PROPRETÉ**, la **CHASSE**, elle le provoque et l'invite à l'imiter. Par exemple, elle agite sa queue… et le chaton joue à l'attraper, s'entraînant ainsi à la saisie d'une proie. Entre la deuxième et la huitième semaine, il « s'imprègne » de la présence de ses congénères (sa mère, les autres chatons) : il comprend qu'il est un chat, apprend toutes sortes de comportements particuliers à son espèce, comme les **FROTTE-**

MENTS. À la même période commence la socialisation, qui dure jusqu'à la neuvième semaine : curieux, le chaton va au devant de tout ce qui est nouveau. C'est le moment de lui faire rencontrer un chien ou d'autres animaux, il pourra ainsi vivre plus facilement en leur compagnie. C'est aussi le moment de le caresser (mais pas trop), de jouer avec lui, de l'habituer aux enfants, à certains bruits : plus tard, il sera plus confiant, moins inquiet.

Le **JEU**, avec les autres chatons ou avec un objet, fait partie de l'apprentissage de la chasse, car les postures sont les mêmes avec une proie. En jouant à la **BAGARRE**, le chaton expérimente aussi les relations sociales, les rapports de force. À tout moment, la chatte sait encourager ou réprimander le chaton, et pour lui apprendre les limites, lui donne parfois une étonnante leçon d'**INHIBITION**.

À 3 mois, le chaton est indépendant. Il continue à apprendre par ses expériences, et peut adapter son comportement : un humain peut aussi, dans une certaine mesure, **ÉDUQUER SON CHAT**.

ÉDUQUER SON CHAT

Un chat ne se dresse pas, et n'obéit jamais, à l'inverse d'un chien. Mais on peut encourager certains de ses comportements, et en décourager d'autres, dans une certaine mesure.

Chez les chats aussi, encourager (avec une petite récompense), ou réprimander (d'une légère punition) aide à se faire comprendre... à condition de le faire en langage chat. Ainsi, pour féliciter le chaton qui a fait ses besoins dans le bac à litière, ou qui est resté seul pour la première fois à la maison, une caresse, ou mieux, une petite séance de jeu sont les bienvenues.

Pour manifester votre mécontentement, crier ou taper ne sert à rien et nuit à votre relation avec le chat, qui devient méfiant. S'il monte sur la table ou griffe le fauteuil, voici quelques messages parfaitement clairs : siffler-cracher comme un chat en colère (ouvrir les lèvres et souffler entre les dents serrées, *ffff*), ou bien donner de légères petites tapes répétées, du bout du doigt, sur le nez ou sur le crâne, ou encore

envoyer un petit jet d'eau avec un pistolet à eau. Comme avec les enfants, ne pas insister ni cumuler les « punitions »… ni les contredire aussitôt par un câlin. Et surtout, rester paisible, comme l'est le chat lui-même, qui nous apprend sans cesse, avant tout, à le respecter.

ÉGYPTE ANCIENNE

(VOIR SCÈNE DE CHASSE, P.54-55)

C'est en Égypte qu'a eu lieu la **DOMESTICATION** du chat, il y a environ 5000 ans.

Au temps des pharaons, les chats étaient des animaux sacrés, comme les ibis et les éperviers. Toute personne tuant un chat, volontairement ou non, était passible de la peine de mort.

Mais personne ne songeait à les tuer, bien au contraire. L'animal rendait de précieux services : il aidait à la chasse en débusquant les proies, il éliminait les rongeurs, mais aussi les serpents, très redoutés dans la vallée du Nil. Il était un compagnon familier, parfumé et soigné par ses maîtres, qui lui attribuaient des vertus divines. Le mâle était associé au dieu Râ, le Soleil. La chatte, elle, est plutôt associée à la Lune et à la féminité, représentée par la déesse mère Isis, et plus tard, par **BASTET**, la déesse à tête de chatte.

ÉQUILIBRE

En véritable équilibriste, le chat se promène avec aisance sur les branches des arbres ou sur les toits, grimpe ou redescend des échelles, longe le vide sans trembler, et s'il lui arrive de perdre l'équilibre, la plupart du temps, il peut se rétablir en pleine chute et **RETOMBER SUR SES PATTES**. Cette capacité extraordinaire tient à une disposition particulièrement développée de l'oreille interne, un organe sensoriel situé au niveau des tempes. Trois « canaux semi-circulaires », orientés dans les trois dimensions de l'espace (avant-arrière, d'un côté à l'autre, haut-bas) transmettent à tout moment au cerveau du chat des informations sur sa

position, lui permettant d'ajuster chaque mouvement. La **SOUPLESSE** du corps et la **QUEUE** servant de balancier assurent alors au funambule sa grâce, et sa sécurité.

ERRANT

Les chats errants sont des chats domestiques qui vivent en liberté dehors, sans propriétaire, et souvent en bandes.

Beaucoup de chats vivent en liberté près des hommes : chats d'un cimetière ou d'un jardin public, chats des faubourgs d'un village, chats d'une île... ils vivent autour des ressources fournies par les hommes : des personnes qui leur déposent à manger, des restaurants qui sortent leurs poubelles, le retour des pêcheurs sur le port, etc.

Ces chats ont des habitudes bien particulières. Alors que les chats **HARETS**, retournés à l'état sauvage, sont solitaires, les chats des rues ont une vie sociale très importante.
Les chattes se côtoient et ont leurs portées au même moment, à proximité les unes des autres. Elles s'entraident pour allaiter les chatons. Les femelles et les jeunes forment une grande

SCÈNE DE CHASSE

Dans l'Égypte ancienne, le chat protégeait les récoltes en chassant les rongeurs. Domestiqué, l'animal est souvent représenté dans les scènes de la vie quotidienne, comme ici où il aide à la chasse en affolant les oiseaux.

famille, dont les liens se confirment sans cesse à coups de frottements et de léchage mutuels. Le groupe est dirigé par une mère ou grand-mère. Les mâles sont chassés du groupe vers 5 ou 6 mois et vivent leur vie à part, en solitaire... mais ils prennent bien des corrections de la part des MATOUS plus âgés, avant de se faire respecter.

Chaque jour, à l'heure où le repas est servi, tout ce petit monde se rassemble, sans dispute. Les femelles en gestation ou allaitant leurs petits se servent en priorité, les autres suivent. Lorsque la source de nourriture se tarit, les chats errants redeviennent des prédateurs, les relations sociales se distendent : chez tous les félins à l'exeption du lion, la CHASSE est toujours solitaire.

EUROPÉEN

Le chat européen est le nom officiel de notre chat de GOUTTIÈRE : la race « chat européen » répond à un standard précis déposé auprès de la Fédération internationale féline. Les européens « de race » disposent d'un PEDIGREE et peuvent être présentés dans les EXPOSITIONS FÉLINES.

EUTHANASIE

Les chats qui vivent dehors, comme bien d'autres animaux, s'isolent souvent pour mourir. Un chat en appartement ne peut pas faire cela. Mais quand il ne mange plus, ne boit plus, quand il n'a plus la force de bouger et qu'il souffre, le vétérinaire peut lui faire une piqûre qui le fait mourir en douceur. Ce n'est pas une décision facile à prendre, mais devant la souffrance d'un animal, c'est un acte nécessaire.

EXPOSITIONS FÉLINES

Concours de beauté de chats de race, organisés par les associations félines.

C'est l'occasion de montrer à un jury les plus beaux spécimens de

chaque race, et de nommer des « champions ». C'est en 1871, à Londres, qu'a eu lieu la première exposition féline. En France, une centaine d'expositions félines sont organisées chaque année par différents clubs, depuis la première manifestation du *Cat Club* à Paris en 1925.

On peut imaginer que ces événements, qui réjouissent les propriétaires et **ÉLEVEURS** de chats de race, doivent apparaître comme d'étranges folies dans l'esprit des chats.

Rien n'est plus éloigné de leurs dispositions naturelles que ces rassemblements, supposant bain, toilettage, voyage préalables, puis proximité bruyante avec d'autres chats, et, pour finir, examen par un « juge » inconnu : tout ce que le chat déteste ! Voilà ce que c'est que d'être beau… Mais enfin, le maître, au moins, s'est bien amusé, et ces cérémonies compliquées font partie de la vie des amateurs de chats de **RACES**…

EXPRESSIONS

(VOIR P.58-59)

FÉLINS

(VOIR LES FÉLINS P.62-63)

Le chat est un mammifère,
de la famille des félins (Félidés),
apparue il y a environ
dix millions d'années.

Ces carnivores à la tête ronde, aux canines acérées et aux **GRIFFES** rétractiles (pouvant rentrer dans les coussinets) sont

EXPRESSIONS

- **Appeler un chat un chat :** appeler les choses par leur nom, parler franchement ;
- **Attacher un grelot au cou d'un chat :** entreprendre quelque chose de difficile et contraire au bon sens ;
- **Avoir d'autres chats à fouetter :** avoir des choses plus importantes à faire ;
- **Avoir un chat dans la gorge :** avoir la voix rauque ;
- **C'est du pipi de chat, de la bouillie pour les chats :** ça ne vaut rien du tout, ce n'est pas important ;
- **C'est le nid d'une souris dans l'oreille d'un chat :** c'est impossible ;
- **Donner sa langue au chat :** avouer qu'on ne sait pas ;
- **Faire le gros dos :** supporter un moment difficile, comme fait le chat durant un conflit ;
- **Faire une toilette de chat :** se laver par petits-morceaux ;
- **Il n'y a pas un chat :** il n'y a personne ;

- **Il n'y a pas de quoi fouetter un chat** : ce n'est pas grave ;
- **Jouer au chat et à la souris avec quelqu'un** : faire durer un problème au lieu de le résoudre ;
- **Montrer sa patte de velours** : faire le gentil, rentrer ses griffes ;
- **Payer en chats et en rats** : payer avec des bagatelles de peu de valeur ;
- **Retomber sur ses pattes** : se sortir sans dommage d'une situation délicate, comme le chat qui retrouve son équilibre lors d'une chute ;
- **Se lever dès potron-minet** : dès le matin, moment où l'on voit le derrière - potron - du chat qui s'en va chasser ;
- **Une chatte n'y retrouverait pas ses petits** : tellement c'est désordonné ;
- **Vivre comme chien et chat** : se dit de personnes qui ne peuvent pas se supporter.

tous de redoutables chasseurs. 37 espèces de félins sont réparties en cinq genres : les Panthérinés (les lions, les panthères, les tigres, le jaguar), les Acinonychinés (le guépard), les Néofélinés (le caracal), les Lyncinés (les lynx), et les Félinés (le puma, le chat sauvage et d'autres petits félins).
Grands ou petits, tous les félins méritent le nom de « chats ». Ils ont la même MORPHOLOGIE et des techniques de CHASSE pres-que identiques, même s'ils sont adaptés à différents milieux, du désert aux forêts tropicales. Notre CHAT DOMESTIQUE est issu d'une espèce de chat sauvage d'Afrique.

FÉLIX LE CHAT

(VOIR P.22-23)

Série de dessins animés créée par Pat Sullivan et Otto Messmer à partir de 1919 (États-Unis).

Au début du xxe siècle, FÉLIX LE CHAT était sans doute le chat le plus célèbre du monde. Les dessins animés montrent ce chat noir et blanc aux prises avec les hommes pour trouver à manger et un petit coin chaud où dormir. Il témoigne de la position encore un peu incertaine du chat, toléré, mais pas vraiment accueilli dans les foyers. Déployant toutes sortes de ruses, toujours prêt à voler un poulet ou un poisson, Félix rêve d'une vie plus douce… Ses aventures ont été publiées aussi en bandes dessinées.

FEMME

Déjà, dans l'ÉGYPTE ANCIENNE, la chatte représentait la femme, à travers la déesse BASTET, à tête de chatte. Depuis toujours, quand il n'est pas en train de chasser, le chat domestique se plaît dans la chaleur du foyer, où s'activent le plus souvent des femmes, alors que le chien accompagne l'homme au dehors et ne rentre pas dans la maison. Les femmes se sont donc souvent trouvées en compagnie des chats, et les hommes en ont profité pour les comparer avec mépris : paresse, gourmandise, ruse, sensualité…
MÈRE attentionnée, la chatte est

aussi une amoureuse sans retenue lors de ses CHALEURS. Justement, dans un monde dominé par la religion, les femmes aussi sont admirées pour leurs vertus maternelles, et méprisées dans leurs amours. Et comme les humains sont toujours embarrassés par le sexe, ils se servent du chat et de la chatte pour en parler. Toutes sortes d'expressions en témoignent.

FLEHMEN

Attitude du chat liée à l'ODORAT.

Immobile, la bouche ouverte, les babines retroussées, haletant doucement, le chat fait une bien curieuse grimace : c'est sa façon de « goûter » les odeurs. L'air circule dans la bouche et entre en contact avec « l'organe de Jacobson », un petit conduit sensible au goût et aux odeurs, situé entre le palais et le nez.
C'est le « flehmen », que pratiquent les chattes aussi bien que les chats, mais les mâles le font plus souvent, quand ils sentent la présence d'une femelle en chaleurs.

FOURRURE

Animal du pauvre, partout répandu, le chat au Moyen Âge était souvent capturé, tué et écorché pour sa fourrure. La peau de chat, fourrure de peu de valeur, était utilisée pour fabriquer des couvertures, des tapis, dessus de chaises, coussins, mais aussi des manteaux, des gilets, des chapeaux et des doublures. Certains chats étaient très recherchés, comme le chartreux, à la fourrure épaisse et particulièrement douce.

LES FÉLINS

Le chat sauvage

(*Felis silvestris*),
à l'épaisse fourrure, est un habitant très discret des grandes forêts de feuillus d'Europe.

Le chat à pieds noirs

(*Felis nigripes*),
des zones désertiques d'Afrique du Sud, est le plus petit des félins. Il dort dans un terrier.

Le lynx

(*Lynx lynx*)
est présent dans les forêts d'Europe, d'Afrique, d'Asie et d'Amérique.

Le puma

(*Felis concolor*),
le plus grand des petits félins, vit dans les forêts d'Amérique du Nord (à l'ouest) et d'Amérique du Sud.

Les lions

(*Panthera leo*)
vivent en clan, en Afrique et en Asie.
Ce sont les femelles qui chassent, tandis que les mâles surveillent le territoire.

La panthère ou léopard

(*Panthera pardus*),
présente en Afrique et en Asie, se perche volontiers dans les arbres pour manger sa proie, chasser les singes, ou se reposer.

Le guépard

(*Acinonyx jubatus*),
vivant principalement en Afrique,
est capable de courir à 100 km/heure… sur une courte distance.
Ses griffes ne sont pas rétractiles.

Le tigre

(*Panthera tigris*)
est le plus grand des félins.
huit espèces vivent en Asie, de l'Inde à la Sibérie orientale, en passant par l'Indonésie.

FROTTEMENTS

À tout moment, le chat se frotte contre les meubles, contre les jambes de son maître…

Ce comportement est une façon d'imprégner les lieux et les êtres familiers : le chat les « marque »… pour mieux les reconnaître. En se frottant les joues, la nuque, le dos et la base de la queue, il dépose l'odeur de son pelage, apaisante pour lui. Le chat se frotte contre les lieux et objets qu'il apprécie, contre un autre chat avec lequel il a une relation d'AMITIÉ, contre ses propriétaires ou contre tout autre animal dont il accepte la présence.

À l'inverse, l'absence de cette odeur familière l'inquiète. C'est ce qui se passe lors d'un déménagement, d'un voyage, ou tout simplement après un grand nettoyage. Le chat n'aime pas les CHANGEMENTS : il lui faudra quelque temps pour se frotter et, à nouveau, se sentir chez lui.

GESTATION

Temps durant lequel la femelle porte ses petits dans son ventre.

La gestation dure environ 65 jours. Les portées de chatons comptent 2 à 6 petits, chacun se développe dans une membrane distincte à l'intérieur de l'utérus de la mère. Durant les premières semaines, les fœtus restent minuscules, et la chatte ne change rien à son activité. Après 35 jours, les mamelles se mettent à gonfler, un cercle rose apparaît autour des tétons, et le ventre de la mère s'alourdit visiblement, elle est alors moins active. Quelques jours avant la naissance, la chatte semble inquiète : elle cherche un « NID », un lieu sûr et confortable. La NAISSANCE a lieu parfois sans témoin, la nuit.

GOÛT

Le chat goûte surtout grâce à son ODORAT, et sent parfois avec sa bouche...

Odorat et goût sont étroitement associés. Le chat hume sa nourriture longuement avant de la laper avec sa langue, et ne mange pas si un rhume l'empêche de sentir l'odeur du plat. Il apprécie l'acide, le salé et l'amer, mais se désintéresse généralement du sucré.

GOUTTIÈRE, CHAT DE GOUTTIÈRE

(VOIR CHATS DE GOUTTIÈRE P.66-67)

Nom du chat domestique sans race particulière.

Le chat de gouttière est la forme la plus commune et la plus ancienne du CHAT DOMESTIQUE. C'est le chat du hasard. Né depuis des milliers d'années de rencontres amoureuses dont les hommes ne se mêlent pas, il est façonné par la sélection naturelle, qui favorise la meilleure adaptation.
Selon les régions du monde, il a pris des formes différentes, revêtant par exemple un pelage plus long ou plus dense dans les climats froids, ou des formes plus longilignes en Orient. C'est ainsi qu'il est à l'origine des

CHATS DE GOUTTIÈRE

Confinés à l'intérieur ou libres d'aller et venir, les chats de gouttière se laissent surprendre dans toutes sortes d'attitudes. Le hasard des rencontres entre mâles et femelles donne aux robes des chats une infinie variété, selon les motifs et les couleurs transmis par leurs gènes.

Chatte « calico », ou tricolore (« écaille-de-tortue » dont les trois couleurs sont nettement séparées). Les chats écaille-de-tortue (robe mêlant noir, roux et crème) sont tous des femelles.

Dans une même portée, les chatons sont de différentes couleurs. Celui-ci a hérité d'une tache blanche sur son costume noir.

Le chat blanc survit difficilement dans la nature, car sa robe étincelante est très visible.

Le chat entièrement noir, assez rare, passa longtemps pour l'incarnation du "diable".

Chat « tabby » tacheté brun.
Le pelage « tabby » (tigré) est le plus fréquent chez les chats de gouttière, et, par sa discrétion, le plus adapté à leur survie.

Chat « tabby » tigré roux.
Un chat roux est forcément le petit d'une chatte tricolore.

Chat bicolore. Les larges marques de couleurs contrastées rompent la silhouette élégante du chat.

Il existe même des chats de gouttière à poils longs (issus de croisements avec un angora, par exemple). Cette chatte porte une robe écaille-de-tortue et blanc.

(Suite GOUTTIÈRE)

différentes RACES DE CHAT DOMESTIQUE.

Indépendant et débrouillard, cet explorateur vagabonde dans son quartier, arpente les rues, passe les clôtures et fait volontiers la conversation sur les toits avec ses congénères. Il s'adapte à son environnement, profite des ressources offertes par les hommes, peut être le chat de la maison ou survivre dans la nature, comme le font les chats HARETS. Si sa silhouette élégante et robuste est à peu près constante, le hasard de la génétique donne à sa ROBE une infinie variété : noire, rousse, blanc, bicolore, tigré, tricolore... Pour le CARACTÈRE aussi, c'est la surprise. Chaque chat est différent, mais ils ont tous besoin d'aller et venir librement, de chasser, et ont un sens de l'équilibre qui leur vaut ce nom de « chat de gouttière ».

GRIFFADES

Marques laissées par les chats avec leurs griffes sur des objets.

Près des lieux où il passe et où il se couche souvent, le chat choisit une surface verticale bien visible, pour y déposer une marque : un tronc d'arbre, un fauteuil, un mur. Le chat s'étire, sort ses GRIFFES, puis laboure soigneusement la surface. La griffade est destinée à être vue, mais elle a aussi une odeur, laissée par des sécrétions de glandes qui se trouvent entre les COUSSINETS. Cette marque adressée aux autres chats signale le lieu où le griffeur se considère comme chez lui et n'aime pas être dérangé.

GRIFFES

Les orteils du chat sont munis de griffes rétractiles : rentrées dans leur gaine à l'intérieur du doigt quand l'animal fait patte de velours, et sorties instantanément en cas de besoin.

Recourbées et aiguisées, elles ont divers usages selon les circonstances : elles sont une arme efficace pour saisir une proie ou blesser un adversaire, et un outil indispensable pour grimper aux arbres, gratter son pelage, signaler sa présence.

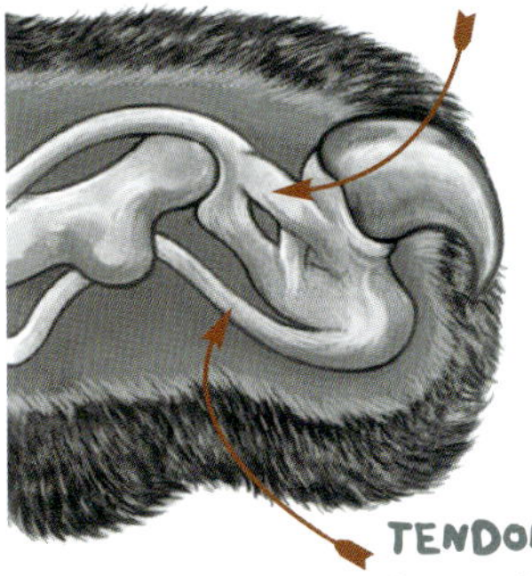

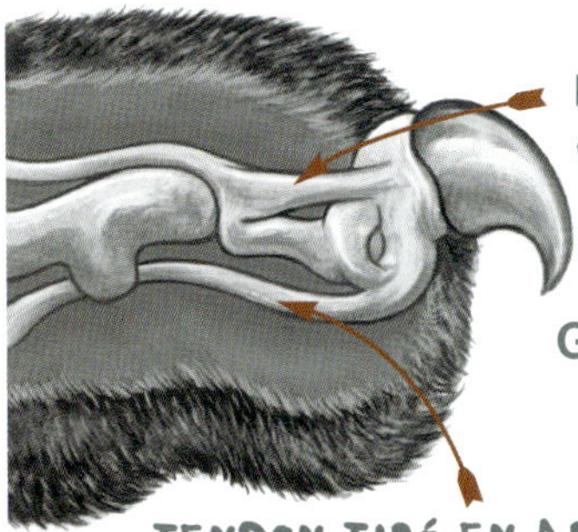

Si le chat « fait ses griffes » sur un fauteuil, ce n'est pas pour se débarrasser des ongles usés, mais pour marquer son territoire : les **GRIFFADES** verticales sont un signe visuel que pratiquent les félins dans la nature. Il ne faut pas couper les griffes, car le chat en a besoin. Lui offrir une planche, un rondin ou un **ARBRE À CHAT** épargnera peut-être le fauteuil, mais le mieux est de le laisser sortir : il fera ses griffes dehors.

HARET

Un chat haret est un chat domestique qui est retourné à la vie sauvage.

Dès que les circonstances l'y obligent, le chat, indépendant et toujours apte à la chasse, retourne à l'état sauvage. À la différence du chat **ERRANT**, qui trouve sa nourriture auprès des hommes, le chat haret n'a plus aucun lien avec les humains : il survit par ses propres moyens dans la nature. Ces animaux retrouvent le mode de vie des petits félins sauvages : ils chassent pour se nourrir, les mâles sont solitaires, seules les mères avec leurs chatons forment des groupes, et les rencontres avec les mâles n'ont lieu que durant les **CHALEURS**.

Au cours de leurs voyages, les hommes ont introduit les chats domestiques un peu partout dans le monde, toujours pour se débarrasser des rongeurs, qui les suivent également partout. Sur de vastes territoires peu peuplés, comme l'Australie, ou sur certaines îles, les chats redevenus sauvages se sont multipliés et sont devenus de terribles préda-

teurs pour des espèces animales qui, à l'origine, n'avaient pas à craindre leur présence. C'est ainsi que les pétrels plongeurs (des oiseaux marins nichant à terre) ont disparu de l'île Marion (dans l'océan Indien) entre 1951 et 1976, éliminés par les chats harets.

HERBE À CHATS

Plante vendue dans le commerce pour les chats d'appartement.

Lors de ses promenades, le chat mange parfois quelques brins d'herbe. Il en a besoin, non pas pour se nourrir (c'est un carnivore, il mange de la viande), mais pour se purger : l'herbe lui permet de régurgiter les boules de poils accumulés dans son estomac lors la TOILETTE (chez les chats à poils longs). Elle fournit aussi un élément chimique indispensable à sa santé. L'herbe à chat vendue dans le commerce rend le même service aux chats d'appartement.
Une plante sauvage porte aussi le surnom d'« herbe-aux-chats ». C'est la cataire (*Nepeta cataria*), une plante à l'odeur mentholée qui met le chat dans tous ses états. Quand il la rencontre, le chat la renifle, secoue la tête, lèche les feuilles, se frotte et se roule sur la plante en ronronnant, les pupilles dilatées. La cataire contient des substances chimiques auxquelles tous les félins adultes, sauf le tigre, sont sensibles.

HISTOIRE DU CHAT EN EUROPE

Domestiqués d'abord en ÉGYPTE et au Moyen-Orient, les chats sont arrivés en Europe apportés par les Grecs, puis par les Romains, vers le Ier siècle avant J.-C.

Les belettes et les fouines étaient à cette époque les plus réputées pour chasser les souris, et les qualités de chasseur du chat ne furent pas reconnues tout de suite. Au ve siècle, il est déjà banal en Europe, surtout dans les villes. Protecteur des récoltes et des provisions, il sera pourtant mal aimé et très mal traité en Europe, pour des raisons religieuses, alors

que dans le monde arabe et en Orient, il était respecté comme un animal porte-bonheur. Ce n'est qu'au XIXe siècle que l'on commence à considérer le chat comme un animal de **COMPAGNIE**.

INHIBITION

Comportement du chat
qui cesse de résister,
se laisse faire.

La **MÈRE** avec le chaton a parfois de bien curieux gestes : elle empoigne la tête de son petit entre ses pattes avant, et lui laboure le ventre de ses pattes arrière ; tant qu'il se défend, elle redouble de coups, dès qu'il s'abandonne, elle arrête. Cette séquence fait partie de l'éducation du chaton. La chatte lui apprend ainsi l'inhibition, un comportement qui peut le sauver lors de **BAGARRES** avec ses congénères : quand on a affaire à plus fort que soi, devenir passif finit par décourager l'agressivité. Ce réflexe d'inhibition demeure toute la vie : quand on attrape un chat par la peau du cou, il ne résiste pas.

JOUER

(VOIR JEUX DE CHATS P.72-73)

Le jeu, pour les chatons, est une façon d'apprendre les relations sociales et l'art de la chasse. Jusqu'à la fin de sa vie, le chat joue volontiers, surtout s'il n'a pas l'occasion de chasser.

Dès l'âge de 3 semaines, les chatons jouent entre eux, déployant force, ruse et agilité dans des combats et des scènes de chasse sans conséquence. Leurs parties brèves et intenses sont des spectacles inoubliables. S'il est seul dans une portée, un chaton joue surtout avec sa mère. À 2 mois, il joue avec des objets. Vers 4 mois, les jeux entre chatons tournent à la bagarre. Des rapports de force

JEUX DE CHATS

La boxe

Bien stables sur leur postérieur,
les duellistes s'envoient des taloches au museau, avant de rouler en corps à corps.
À plusieurs, les chatons éprouvent leur force, apprennent le combat,
s'entraînent pour la chasse.

Reculer pour mieux sauter

Une ruse de combat, se tapir au sol et reculer devant l'adversaire… pour mieux prendre son élan.

La chasse

Tapi à l'affût, avançant furtivement, bondissant ou galopant à la poursuite du partenaire, le chaton se croit en pleine chasse.

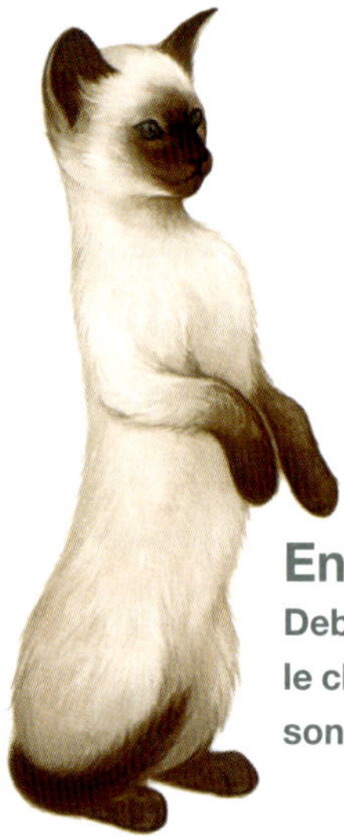

En garde

Debout sur ses pattes postérieures, le chaton invite élégamment son compagnon à jouer.

Le roulé-boulé

L'un est dessous le ventre en l'air, l'autre a le dessus… mais dans un instant, ce sera le contraire. Dans le corps à corps, les chatons se mordent et s'attrapent sans se faire mal. Plus tard, le jeu pourra tourner à la vraie bagarre.

Jeu hallucinatoire

On appelle ainsi les séquences de jeu… avec rien. Le chat poursuit un objet imaginaire, ou tournoie pour attraper sa queue. Quand il joue tout seul, le chat dépense un peu de son énergie débordante.

Le pas de côté

Bombant le dos dans l'attitude de la peur, le chaton s'écarte sans tourner le dos à l'adversaire, et tente de l'impressionner en hérissant le poil.

Feuille, brindille, plume…

Le chat joue toute sa vie. Souvent il simule la chasse en jouant avec tout objet léger et mobile qui représente une proie.

se manifestent, et plutôt que de s'affronter, chacun s'en va de son côté à la découverte du monde.
Devenu adulte, le chat joue encore avec des objets, qu'il lance et rattrape comme des proies. Le jeu l'aide à dépenser une énergie qui, dans la vie sauvage, serait consacrée à la chasse. Parfois, le voici comme fou : tout seul, sans objet, il saute, il court, saisit une proie invisible ou tourne après sa queue… avant de faire gravement sa toilette ou de s'étendre pour une bonne sieste. Cette séance de « jeu hallucinatoire » l'apaise.

Quand c'est avec une vraie souris, le jeu a des allures moins sympathiques. Après la CHASSE, le chat joue parfois cruellement avec sa proie, avant de la mettre à mort.

JOUER À CHAT

Les cours de récréation ont connu beaucoup de jeux inspirés des poursuites du chat en chasse. Tout d'abord, « jouer à chat » : le chat doit toucher une « proie », qui devient chat à son tour. À « chat perché », le chat ne peut pas toucher celui qui est perché. Le jeu « du chat et du rat », plus cruel, consiste à attacher deux personnes chacune à un bout d'une corde, les yeux bandés : l'une est le chat armé d'un bâton, l'autre est le rat muni d'une crécelle pour signaler sa présence, et le chat doit frapper le rat. Le jeu du « chat et de la souris » est plus doux : au centre d'une ronde d'enfants, la souris est à l'abri, pendant qu'à l'extérieur le chat cherche à passer pour lui donner un baiser… S'il y parvient, on change de couple. Ainsi, dans les jeux aussi, pas de chat sans souris.

LANGUE

La langue râpeuse lape le lait, lèche le plat, nettoie la fourrure et chatouille la main…

Le centre de la langue est parsemé de pointes minuscules et cornées, orientées vers le fond de la bouche, utiles pour détacher la chair des os d'une proie. Les bordures portent les papilles gustatives, façonnant le GOÛT du chat. Humectée de salive, la douce râpe fait un parfait gant de TOILETTE, utilisé à tout moment dans la journée.

LAPINS

Les lapins sont des **PROIES** très appréciées du chat, celles qu'il chasse le plus, à la campagne, après les campagnols. Leur capture impose une lutte, aussi le chat préfère-t-il s'attaquer aux jeunes. Pour éviter la course, il se met en embuscade près du terrier. Ce sont des proies difficiles, mais les efforts en valent la peine, par exemple pour un chat **HARET** qui a faim : la proie est dix fois plus grosse qu'un campagnol.

LITIÈRE

Dans la nature, le chat fait ses besoins en grattant la terre meuble ou le sable. Dans les habitations humaines, c'est la litière qui remplit cet office.

Vers l'âge de 4 semaines, le chaton imite sa mère qui fréquente le bac à litière. Le soulagement du ventre est vite associé à ce lieu, à cette matière... et voilà une bonne habitude de prise. La litière peut être un bac de sciure de bois et d'autres végétaux. Elle est souvent

minérale (faite de granulés à base d'argile) ou mélangée... En tout cas, elle doit être changée assez souvent, et ne doit pas se trouver à proximité de l'endroit où le chat se nourrit et boit.

MALADIES

Les **VACCINS** protègent le chat contre plusieurs maladies graves. Mais, comme nous, il peut attraper de temps à autre un petit rhume, avoir des problèmes de digestion... ou tomber vraiment malade.

La meilleure façon de prendre soin de son chat, c'est de l'ob-

server : quand on le connaît bien, on repère plus facilement s'il y a quelque chose qui cloche. Il mange moins, il ne fait plus sa toilette, il reste prostré ? Il a les yeux qui coulent, ses selles ne sont pas comme d'habitude ou son poil est terne ? Mieux vaut l'emmener chez le VÉTÉRINAIRE.

MÂLE

Le jeune chat mâle peut se reproduire à partir de 12 mois. En ville, la plupart des chats mâles sont CASTRÉS. Les mâles « entiers » (non castrés) sont appelés des MATOUS. Chez les chats, les mâles ne sont pas plus fidèles que les femelles. Ils peuvent s'accoupler tout au long de l'année, mais sous nos climats, de septembre à janvier, l'activité sexuelle est au repos car les femelles n'ont pas de CHALEURS durant cette periode.

MANEKI NEKO

Le « chat qui invite », figurine de chat traditionnelle au Japon.

Le chat domestique est arrivé au Japon au VIe siècle, venant de Chine. Dans ce pays s'est formée une race très particulière, le bobtail japonais. Ce chat souvent tricolore, portant une queue enroulée, a auprès des Japonais la réputation d'éloigner les mauvais esprits. Dans les plus modestes boutiques, une statuette de chat accueille les clients en levant la patte gauche, qui promet *sen ryo*, beaucoup d'or, ou la patte droite, qui promet *fuku*, le bonheur.

MATOU

Le matou est le nom donné aux mâles non CASTRÉS.

La vie du mâle non castré n'est pas de tout repos. Il passe sa vie dehors, surtout le soir, la nuit, et à le voir rentrer épuisé dans la journée, souvent couvert de griffures ou de morsures, on mesure sa vie d'aventures : rencontre amoureuse avec les chattes, BAGARRES pour l'accès aux femelles ou pour des querelles de TERRITOIRE (le matou étant plus ombrageux que les mâles castrés). Les matous ne s'occupent pas de l'élevage des chatons. Leur vie est solitaire, en dehors des relations avec leur maître. Les vieux matous dominants dans un quartier donnent de bonnes corrections aux jeunes, avant que s'établisse une relation de respect... Les matous se rencontrent parfois de façon plutôt amicale, et visitent les femelles en toute amitié, en dehors des moments de CHALEURS.
Tournant le dos à un mur, un tronc, le matou propulse un petit jet d'urine à l'horizontale : il marque son territoire. Cette marque mêlée de secrétions des glandes anales sent terriblement fort, aussi les propriétaires de matous, quand ils ne se décident pas à faire castrer leur chat, les laissent volontiers aller dehors.

MÈRE

La chatte est une mère patiente et attentionnée avec ses CHATONS.

Les chatons n'ont aucun contact avec le père, qui est d'ailleurs le plus souvent inconnu. Ils apprennent donc tout de leur mère. Celle-ci assure la survie de son petit en lui apportant la nourriture et les soins nécessaires, en le protégeant, mais aussi en faisant son ÉDUCATION.

La nourriture est apportée jusqu'à l'âge de 8 semaines par l'ALLAITEMENT, et complétée peu à peu de proies que la mère va chasser et rapporte vivantes aux chatons.

Les soins consistent essentiellement en de longues séances de TOILETTE. La première semaine, la chatte peut être très agressive, elle ne laisse personne approcher ses chatons. Par la suite, elle se

rassure et accepte progressivement les contacts. Elle surveille constamment ses petits, et quand ils s'éloignent, maintient le contact par des miaulements caractéristiques.

La tendresse est omniprésente dans les échanges entre la mère et les chatons, surtout par le toilettage, les frottements, le sommeil partagé. Mais les leçons sont parfois sévères : si le chaton joue trop avec la queue de sa mère, une bonne taloche lui signale la limite. À partir de 2 mois, les chatons peuvent être séparés de leur mère. S'ils ne sont pas partis, elle chasse les mâles à environ 6 mois, mais elle peut vivre plus longtemps avec les jeunes chattes.

MÉTÉO

S'il passe sa patte derrière l'oreille, c'est qu'il va pleuvoir ? S'il se frotte le museau, c'est qu'il va faire beau ? S'il est nerveux, c'est que le vent se lève ?
Voici quelques observations – ou croyances – associant les attitudes du chat et la météo.

Les marins disent souvent que le chat, par sa nervosité, annonce la tempête. Cela s'explique peut-être par la sensibilité de son pelage : sa fourrure se charge en électricité statique à tout moment, un changement de la pression atmosphérique (qui influe sur le temps) modifie sans doute ses sensations... Voici encore une invitation à observer le comportement de notre mystérieux compagnon.

« MIAOU »

Cette onomatopée (mot qui imite un son) traduit le bruit du chat qui miaule.

En français, le chat fait « miaou », mais dans d'autres langues son

cri est entendu et transcrit autrement : *mau*, en égyptien, *naoua* en arabe, *myaus* en hindi, *moï* en chinois, *meow* en anglais, *nya nya* en japonais... Ce n'est pas le même mot, mais dans tous ces sons, on reconnaît bien le chat...

MIAULEMENTS ET AUTRES VOCALISES

Le chat produit toutes sortes de sons pour exprimer son humeur.

Est-ce parce qu'il a l'oreille très fine... en tout cas, le chat est un vrai musicien, qui joue de sa voix avec beaucoup de nuances. Ses sons les plus doux sont des murmures (émis avec la bouche fermée), comme le ronronnement, signe de confiance et de plaisir. Mais le chat pousse aussi des « mrrr » sur tous les tons : léger pour accueillir son maître, autoritaire pour réclamer à manger, approbateur pour saluer l'ouverture de la porte ou l'arrivée de la gamelle...
Le murmure se prolonge et s'ouvre sur des voyelles, pour donner le «mrrraou», ou miaou : c'est le miaulement. Demande plus ou moins appuyée, étonnement, plainte, protestation énergique, selon la façon dont le son est accentué... la gamme des miaulements est infinie, mais le chat se fait très bien comprendre, et il ne se gêne pas pour insister avec ceux qui font les sourds !
Enfin, les circonstances exceptionnelles, CHASSE, BAGARRES et ACCOUPLEMENT, l'amènent à jouer sur la gamme des grondements (« grrr »), feulements (une sorte de raclement de gorge, la bouche ouverte : « rrrhhhaaa »), sifflements (imitant le serpent : « sss ») et crachements (babines retroussées, dents serrées : « ffft »), qui manifestent la menace, la colère. À la fin de l'accouplement, la femelle pousse un cri de souffrance qui ressemble un peu à notre « aïe ! »

MINET, MINOU ET COMPAGNIE

« Il faut appeler un chat un chat », dit-on, mais souvent les chats portent des noms très doux

comme minet, minou, mistigri, minouchet et autres. L'écrivain Colette, qui a eu de nombreux chats, leur a donné dans les livres ou dans la vie des noms bien à elle : Mini-Mini, Kiki-la-Doucette, Kro, La Touteu, Toune, Muscat, Pinichette ou même La Chatte, et Chatte Dernière... C'est à la rencontre d'un chat que survient l'invention d'un nom. Le maître le prononce avec une intonation particulière, et le chat, qui a l'oreille fine, reconnaît ce ton autant que son nom.

MONCRIF, FRANÇOIS AUGUSTIN PARADIS DE

François Augustin Paradis de Moncrif fut le premier ÉCRIVAIN, en France, à écrire l'éloge des chats, à une époque où ils étaient encore fort mal aimés. En 1727, il publie *Les Chats*, un livre humoristique qui renverse la mauvaise réputation de l'animal voleur et trompeur (voir CHAT BOTTÉ) et dénonce les croyances qui l'associent aux SORCIÈRES. Au XVIIIe siècle, des personnages de la haute société commencent à apprécier la compagnie des chats.

MORDRE

À la différence du chien en situation de défense, le chat ne mord pas les humains.

Pourtant, cela arrive parfois, de façon inattendue : lors d'un câlin, soudain il se crispe et griffe ou mord la main qui le caresse. Ce comportement est fréquent chez certains chats qui n'ont pas été habitués tout petits au contact.

Mais de toute façon, une caresse peut devenir énervante à la longue, mieux vaut ne pas insister et apprendre à repérer les signes d'excitation de l'animal.
Il arrive aussi que brusquement, un chat, sans raison apparente, attaque les jambes de quelqu'un qui passe près de lui. Cette agression vient d'ailleurs : quelque chose l'a énervé – un intrus vient de traverser le jardin sous ses yeux, il a faim et l'odeur du repas le rend impatient… – et comme il ne peut rien y faire, il se « passe les nerfs » sur ce qui se présente. D'un signe, il faut alors le réprimander (voir **ÉDUQUER SON CHAT**).

MORPHOLOGIE

(VOIR LE CORPS DU CHAT P. 82-83)

MOUSTACHE

La moustache du chat est composée de poils longs, épais et raides, ordonnés en quatre rangées horizontales : ce sont des **VIBRISSES**, des poils sensibles dont la fonction tactile (perception par le toucher) est essentielle pour le chat. Il ne faut surtout pas les couper : privé de moustache, le chat perd la capacité de percevoir tout ce qui le frôle, notamment dans l'obscurité, de « sentir » les vibrations de l'air, et cela le gêne pour se diriger.

MUEZZA

Chatte du prophète Mahomet, fondateur de l'islam.

D'après la tradition musulmane, Mahomet (570-632) possédait une chatte qui ne le quittait jamais, du nom de Muezza (nom dérivé de *muezzin*, celui qui appelle à la prière depuis la

LE CORPS DU CHAT

DOS
La colonne vertébrale, très souple, est composée de 30 vertèbres.

ROBE
La couleur et les motifs du pelage sont très variables. Chaque robe porte un nom précis. Ce chat est « tabby » marbré brun.

PELAGE
Fourrure très dense. Les poils de la queue et du dos se hérissent.

QUEUE
Elle est le prolongement de la colonne vertébrale et compte 14 à 28 vertèbres selon les races. Elle joue un rôle de balancier.

ARRIÈRE-TRAIN
Ou culotte (poils longs à l'arrière des cuisses).

CUISSE
Les muscles puissants des pattes postérieures sont le ressort des bonds spectaculaires du chat.

PATTES POSTÉRIEURES
Munies de 4 doigts.

COU
La peau du chat est lâche (très peu attachée aux muscles) et élastique, surtout à cet endroit du corps.

OREILLES
Elles sont garnies de poils sensibles. Les pavillons pivotent sur le côté et s'inclinent vers l'avant ou en arrière.

ŒIL
La pupille s'élargit ou se réduit à une simple fente selon la lumière.

TRUFFE
De couleur rouge brique, rose ou noire selon le pelage.

MOUSTACHE
Elle est composée de vibrisses, des poils sensibles aux vibrations.

PATONS, OU PELOTES
Partie charnue du museau où s'implantent les moustaches.

PATTES ANTÉRIEURES
Munies de 5 doigts (dont 4 sont en contact avec le sol).

GRIFFES RÉTRACTILES
Retirées à l'intérieur des orteils, elles sont protégées de l'usure.

COUSSINETS PLANTAIRES
Renflements de chair recouverts d'une peau dure. Le chat marche sur ses coussinets.

mosquée). Un jour, alors que le prophète devait se rendre à la prière, sa chatte s'étant endormie sur un pan de sa djellaba, il préféra couper son habit plutôt que de la réveiller. À son retour, Muezza lui fit une révérence. Pour la remercier, Mahomet passa trois fois la main sur son dos : la chatte reçut avec cette caresse le don de RETOMBER SUR SES PATTES, ainsi que la chance d'avoir sept vies…

MURS

Porte-bonheur, porte-malheur, le chat a été parfois l'un, parfois l'autre, dans les superstitions des hommes, mais souvent pour son propre malheur. Une coutume cruelle a traversé les siècles, en Europe : celle d'emmurer un chat vivant dans les fondations lors de la construction d'une maison, d'un château. La présence de l'animal était censée détourner du bâtiment les rongeurs et le mauvais sort. Cela se pratiquait encore au début du XXe siècle.

NAISSANCE

La plupart des chattes s'isolent pour donner naissance à leurs petits, mais certaines réclament

en miaulant la présence de leur maître : il s'agit alors de les réconforter de la voix, mais surtout pas d'intervenir. Les contractions préparant l'expulsion du premier chaton peuvent durer plus d'une heure. La chatte accompagne ses efforts d'un **RONRONNEMENT** puissant, particulier. Dès que le chaton est sorti, elle déchire la membrane qui l'enveloppe et le lèche, stimulant ainsi sa respiration. Puis elle tranche le cordon ombilical, et mange le placenta. Aussitôt, le petit se dirige en rampant vers le flanc de la mère, commence à téter et s'endort.

Deux à six **CHATONS** naissent en se suivant d'à peine un quart d'heure. Les premiers jours, la mère lèche longuement le ventre et le périnée (partie située sous l'anus) du chaton. Ce geste active la digestion et la respiration, et facilite l'élimination. Sans le léchage du périnée par sa mère, le chaton ne pourrait pas éliminer et mourrait. Les dix premiers jours, les chatons sont fragiles, aveugles, il ne faut pas les toucher, la **MÈRE** les défend d'ailleurs contre toute approche, et déplace la portée si elle est trop dérangée.

NEUF VIES

On dit que les chats ont « neuf vies ». Cette croyance vient sans doute de l'Égypte ancienne, où les chats étaient vénérés, et où le chiffre neuf représentait la totalité, l'achèvement de la création. Atoum-Rê, l'un des noms du dieu Soleil, était neuf (huit autres divinités et lui-même) tout en étant unique, et le chat sacré lui était comparé. Le symbole s'est perdu, mais on continue à dire que le chat a neuf vies, peut-être parce qu'il sait si bien disparaître et revenir, dormir sur un coussin et être un terrible chasseur, courir les gouttières, retomber sur ses pattes, et toujours nous étonner…

« NID »

À la fin de la **GESTATION**, la mère cherche un lieu pour mettre bas. On peut lui proposer un cageot garni d'un coussin, mais la chatte préfère souvent une cachette inattendue : panier à linge, lit, caisse à jouets, carton, tas de paille dans l'écurie… l'important est que l'endroit soit calme, propre et à l'abri des courants

d'air. La mère maintient la propreté du nid en avalant les déjections des petits, effaçant ainsi toute odeur susceptible d'attirer un prédateur. Si elle est trop dérangée, elle n'hésite pas à déplacer ses petits un par un, en les portant dans sa gueule par la peau du cou.
Quand les chatons ont 3 semaines, la femelle déménage la portée, et s'installe dans un lieu moins isolé, plus commode pour leur ÉDUCATION.

NUIT

L'activité du chat est plutôt liée au crépuscule, et au petit matin : les bonnes heures pour la CHASSE aux petits rongeurs. Mais un chat qui demande à sortir le soir rentre rarement se coucher… Il en profite pour vagabonder, chasser, ou s'aventurer dans les rencontres avec d'autres chats, sortes de réunions amicales qui ont lieu la nuit. Comme sa journée, sa nuit sera ponctuée de petites siestes

dans des lieux connus de lui seul. Sa VUE est presque aussi précise qu'en plein jour. Au matin, au premier signe de vie, le voilà qui surgit devant la porte, au rendez-vous de la gamelle. Une souris morte gît peut-être sur le paillasson. En dehors de cette offrande, on ne saura rien de ses aventures nocturnes.

ODORAT

Le chat a le nez fin, et s'il ne s'en sert pas beaucoup pour la CHASSE (qui repose surtout sur l'OUÏE et sur la VUE), cela lui est précieux pour la COMMUNICATION : les odeurs permettent d'identifier les objets, de reconnaître les lieux familiers, de distinguer les amis et les ennemis. Le chat dépose sa marque en se frottant contre les meubles, contre son propriétaire, contre des arbres. Ses griffades sont aussi imprégnées de son odeur. Les jets d'urine déposés ici et là laissent une empreinte olfactive dont les autres chats tirent toutes sortes d'informations, par exemple sur l'âge, le sexe et l'humeur de leurs congénères.

Le nez, toujours légèrement humide pour capter les odeurs, n'est pas le seul récepteur. Le chat semble parfois « goûter » une odeur, la bouche ouverte : c'est le FLEHMEN.

Parmi les odeurs, le chat a ses préférences : il renifle longuement certaines fleurs, comme l'œillet, la violette, le mimosa, la lavande, le laurier-rose, ou certains légumes comme le fenouil ou l'asperge. L'eau de javel, l'ammoniaque ou l'essence le ravissent, et surtout, la cataire, ou HERBE-AUX-CHATS, le met dans tous ses états.

ŒIL

Les couleurs variées de l'iris (vert, bleu, orange, jaune, brun...), les mouvements fascinants de la pupille et l'éclat métallique des yeux dans la NUIT... l'œil du chat est une merveille, et lui assure une vision exceptionnelle, principalement dans des nuances de gris.

La rétine (la partie de l'œil qui reçoit les impressions lumineuses) est très sensible à la lumière, mais

le chat n'est jamais éblouit car devant l'éclat du soleil, il contracte sa PUPILLE qui se réduit à une fente dans l'iris. Au contraire, dans l'obscurité, la pupille s'élargit immensément dans l'œil, captant un maximum de lumière. Au fond de l'œil, derrière la rétine, le *tapetum lucidum* (tapis lumineux) agit comme un miroir qui renvoie la lumière une deuxième fois sur la rétine : c'est ce qui donne aux yeux leur éclat dans la nuit. Ainsi pourvu, le chat perçoit très bien les ombres et les nuances de la lumière nocturne. Il ne voit pas dans l'obscurité totale, mais il peut encore se déplacer en se fiant à son odorat, et à la sensibilité de ses VIBRISSES. Sous les paupières, une paupière intérieure, la membrane nictitante, protège l'œil quand le chat dort.

Les couleurs des yeux sont très variées : vert, bleu, orange, jaune, brun... elles sont le fruit du hasard, tout comme la couleur de la ROBE. Les yeux vairons (de couleurs différentes) n'apparaissent que chez les chats à la robe blanche, et la robe « à points », typique du Siamois, est associée à des yeux bleus.

OISEAUX

Très mobiles, toujours imprévisibles dans leurs mouvements, s'envolant à la moindre alerte, les oiseaux ne sont pas des PROIES faciles à attraper.

Même l'approche est compliquée, puisque l'oiseau a les yeux placés

sur le côté et voit le chat arriver derrière lui. Ces difficultés découragent les chats la plupart du temps, mais au printemps et au début de l'été, l'affairement des parents, l'envol des oisillons sont autant d'aubaines… et l'hiver, la mangeoire tentante pour les oiseaux peut offrir au chat la chance d'en attraper plus d'un.
C'est dans les jardins urbains que le chat est le plus dangereux pour les oiseaux, surtout les étourneaux, les moineaux, les merles. Dans certaines îles, les chats **HARETS** mettent en péril les colonies d'oiseaux de mer.

OREILLES

Le chat somnole dans l'herbe, une abeille passe à sa gauche : aussitôt, son oreille gauche pivote, puis se remet en place une fois le bruit identifié, et la sieste continue… Les oreilles du chat sont capables de s'orienter sur le côté, indépendamment l'une de l'autre, pour mieux capter un son et en situer la source… et cela sans que la tête ne bouge, car lors de la chasse, tout mouvement peut être repéré par la proie. Elles peuvent aussi s'incliner vers l'avant, et se coucher en arrière.

Neutre

Offensif

Sur la défensive

Défensif-offensif

Outre leur rôle dans l'OUÏE, les oreilles traduisent visiblement les humeurs du chat : quand elles sont droites, légèrement pointées vers l'avant, mobiles, le chat est à l'écoute de ce qui se passe autour de lui, mais en confiance. En alerte, il les dresse et les tourne vers l'avant ou vers le côté, selon la source du bruit. Quand elles sont aplaties sur les côtés, le chat a peur et s'apprête à se défendre, et si elles sont couchées en arrière, c'est l'attaque !

ORGUE À CHATS

Instrument de supplice pour les chats.

L'habitude de livrer les chats à toutes sortes de SUPPLICES a mené à une invention particulièrement cruelle : à Bruxelles, au XVIIe siècle, on enfermait des chats dans un instrument dans lequel des pointes, actionnées par des touches comme sur un piano, venaient piquer leur queue. Les plaintes déchirantes des animaux étaient la « musique » de cet « orgue à chats ».

OUÏE

Très sensible au moindre son, même à ceux que l'oreille humaine ne perçoit pas, le chat n'aime pas les ambiances bruyantes. Ses pavillons – c'est-à-dire la partie externe de ses OREILLES – triangulaires et situés sur le dessus de la tête, captent et amplifient les sons les plus ténus, comme le pas d'une souris dans l'herbe. L'ouïe tient donc une place très importante dans la CHASSE, pour le repérage des proies. Dans ses déplacements silencieux, le chat est à l'écoute, à tout moment. Il est capable de situer précisément deux sons qui viennent presque du même endroit… et l'on dit qu'il réagit à certaines notes de musique.

PANIER

Quand le panier sort du placard, c'est mauvais signe pour le chat, signe que les ennuis commencent !

Voyage, visite chez le vétérinaire, arrivée dans un lieu inconnu ou autres désagréments… Le panier

est pourtant indispensable : laisser un chat en liberté dans la voiture est dangereux, pour lui comme pour le conducteur et les passagers.

Habitué tout petit à son panier, le chat sera plus confiant : pour cela, laisser le panier à la disposition du jeune chat, y mettre un jouet, des tissus, le laisser y dormir, lui offrir d'y boire ou d'y manger… Il entrera dans son panier avec confiance, celui-ci deviendra même son refuge. Dès lors, les transports seront plus agréables pour lui.

PARASITES

Le chat doit se défendre contre des vers qui s'installent dans son tube digestif et vivent à ses dépens, provoquant fatigue et troubles digestifs. Pour lutter contre ces ennemis intérieurs, le vétérinaire prescrit un vermifuge (médicament qui élimine les vers) à donner au chat plusieurs fois par an.

L'animal est aussi assailli, à certains moments, par des puces, des acariens ou des tiques. Ces petites bêtes se logent dans le pelage et provoquent toutes sortes d'irritations ou de maladies. C'est pendant la saison chaude qu'il faut lutter contre leur invasion (qui peut gêner aussi les humains) avec des produits adaptés conseillés par le vétérinaire.

PEDIGREE

Pièce d'identité certifiant qu'un chat est un chat de race.

Les chats de race sont inscrits au «Livre officiel des origines félines». Sur le pedigree, carte d'identité du chat de race, figure son nom,

sa RACE, sa date de naissance, sa ROBE et le nom de ses parents sur quatre générations. Ce papier est fourni par l'ÉLEVAGE lors de l'achat d'un chaton de race.

PELAGE

Courte ou longue,
la fourrure du chat,
parfaitement imperméable,
est composée de trois sortes
de poils.

Les plus visibles sont les poils de jarre, longs et raides. Ils sont entourés de poils de garde, plus courts et plus fins, qui forment une couche intermédiaire. Enfin, le sous-poil formé de poils fins et doux, que l'on appelle aussi la bourre, est si dense que l'on ne voit pas la peau. Ainsi revêtu, le chat est isolé du froid, tout comme de la chaleur excessive. L'épaisseur du pelage le protège aussi des blessures. L'animal prend soin de sa fourrure par de longues séances de TOILETTE.

Ses poils se renouvellent en permanence, mais l'été, la fourrure est moins épaisse que l'hiver.

Le pelage est sensible au toucher, et porte l'odeur du chat. Il se charge en électricité statique, qui contribue sans doute à la sensibilité de l'animal : si son pelage lui donne des informations sur la pression atmosphérique, le chat peut-il indiquer la MÉTÉO ? Les chats hérissent leurs poils de jarre lorsqu'ils ont peur, lorsqu'ils sont en colère ou veulent impressionner un adversaire... et lorsqu'il fait froid.
Dans la nature, les chats à poils longs (comme l'ANGORA) sont plutôt ceux des milieux froids, les chats à poils courts (comme le SIAMOIS) viennent de régions plus chaudes.

Mais parmi les chats de RACES, la variété des pelages et des ROBES est le résultat des croisements faits par les éleveurs.

PÉTRISSAGE

Couché sur des genoux,
au moment d'un câlin, le chat
ronronne et sort ses griffes.

Il est si bien, qu'il appuie une patte puis l'autre en pressant

légèrement ses griffes sur nos cuisses, comme s'il marquait tout doucement le rythme de son bien-être.

Le pétrissage est une habitude prise par le chaton lors de l'**ALLAITEMENT** : elle facilite la tétée. Plus tard, le chat adulte pétrit le coussin ou les genoux sur lesquels il s'installe : c'est un geste qui le calme... même s'il nous griffe.

POILS COURTS, POILS LONGS

La longueur du **PELAGE** est, en principe, une adaptation au milieu naturel : le chat des forêts norvégiennes, vivant dans le grand froid, porte une épaisse toison, tandis que le siamois, originaire de Thaïlande, n'a qu'un léger manteau à poils courts.
Les poils des chats tombent et se renouvellent toute l'année, mais certaines races ont des mues au printemps et en été. La fourrure des chats réagit à la température : s'il fait chaud, les chats perdent d'abord le duvet (sous-poil), puis si nécessaire, les poils les plus longs (poils de jarre). En faisant leur toilette, les chats à poils longs avalent des poils qui s'accumulent en pelote dans leur estomac. **L'HERBE-À-CHAT** les aide à s'en purger.

Certaines races de chats à poils longs ont besoin d'un **TOILETTAGE** fréquent.

POISSONS

Très sensible à l'odeur du poisson, le chat accourt en frémissant dès que ce mets de choix fait son apparition. Il en ferait volontiers une proie… si le poisson ne vivait dans l'eau.

Toutefois, bien des chats apprennent à surmonter leur répulsion pour l'eau, et se livrent au plaisir de la pêche en rivière : ils s'emparent d'un poisson au passage et l'envoient sur la berge d'un coup de griffes. Au Japon, beaucoup de chats sont pêcheurs. C'est aussi le cas du turc Van, un chat de Turquie qui ne craint pas l'EAU. À la maison, mis en présence d'un aquarium, un chat décidé finit par y mettre la patte, plaquer le poisson contre le bocal et le retirer de l'eau à l'aide de ses griffes : la tentation est trop forte.

PORTÉE

Ensemble des petits mis au monde par la chatte à l'issue d'une même GESTATION.

Une chatte non stérilisée peut avoir une ou deux portées par an, comptant à chaque fois deux à six chatons. Une portée la mobilise durant 58 à 64 jours de gestation, et après la naissance, durant au moins deux mois (huit semaines d'allaitement). Il n'est pas toujours possible de trouver preneur pour les chatons, et quand elles ne sont pas souhaitées, les portées doivent souvent être éliminées dès la naissance par le propriétaire. C'est triste, mais c'est mieux que d'abandonner des chatons. Pour éviter cela, le mieux est de faire STÉRILISER la chatte.

PORTER UN CHAT

La mère porte les chatons par la peau du cou, mais les chats adultes détestent cela, même si c'est indolore (la peau est souple et adhère très peu aux muscles à cet endroit du corps).

Cette prise ne doit être utilisée qu'en urgence (pour arrêter le chat qui mord par exemple) : elle déclenche un comportement d'INHIBITION (le chat s'immobilise, se laisse faire), appris avec la mère pour décourager un adversaire plus fort que soi. Dans tout autre cas, quand il est nécessaire de porter le chat, il faut plutôt glisser une main sous le poitrail, et de l'autre main, soutenir l'arrière-train : on soulève ainsi le chat presque assis, dans une position confortable et sûre.

PROIES

(VOIR LE CHAT ET LES RATS P. 96-97)

Les proies du chat sont principalement des petits rongeurs ou des oiseaux.

Les SOURIS, campagnols et mulots sont par leur taille des proies idéales, tandis que chez les RATS, les lièvres et les LAPINS, dont il est très friand, le chat ne peut s'attaquer qu'aux plus petits, donc aux plus jeunes. Selon les lieux ou les moments, les OISEAUX peuvent représenter une bonne part des captures. Le chat s'adapte : malgré son aversion pour l'eau, il devient parfois un bon pêcheur de grenouilles et de POISSONS. Dans les régions du Sud, il chasse les lézards, les iguanes, certains serpents.

Certaines proies ne sont chassées que par réflexe : le chat ne mange jamais une musaraigne (sa chair le fait vomir), ni la taupe qu'il extirpe du sol quand il la sent creuser sous la surface... Enfin, le petit peuple des mouches, papillons et araignées maintient en forme le chat qui s'ennuie sur un balcon.

LES CHATS ET LES SOURIS

Fables, contes et chansons évoquent de mille façons les ruses des souris pour échapper aux chats. Vers 1500, cette illustration représente l'éternelle guerre entre les chats et leurs proies. Cette fois, ce sont les rongeurs qui se vengent, en prenant d'assaut le royaume des chats.

zwen hannē in ein hausz
hunt katzen vnd mausz an
alt man vnd ein iūg weip
dy leben selten ane strait
disi figur get alle die an
dy irem obristen undertā

(Suite PROIES)

Aujourd'hui encore, beaucoup de chats de la campagne sont gardés uniquement pour chasser. On n'en demande pas tant au chat de COMPAGNIE. Pourtant, il dépose souvent une souris sur le seuil, voire sur l'oreiller ! D'après les chercheurs, cette curieuse offrande est un héritage du comportement de la mère, qui rapporte des souris à ses petits pour leur apprendre la CHASSE. Le maître humain du chat, peu doué, mériterait en effet cette attention...

PROMENADE

Un appartement n'offre parfois aucune possibilité de sortie. On peut alors habituer son chat à sortir tenu en laisse. Chose banale pour le chien, mais incongrue pour le chat : celui-ci aime aller et venir selon son humeur, et rien ne l'obligera à longer un trottoir !

La « promenade » sera donc plutôt une sortie au vert, dans un coin de sous-bois ou de pelouse, où le chat, au bout d'une longue laisse, peut prendre son temps pour humer, s'asseoir, bondir, courir... Le COLLIER et la laisse sont

nécessaires, car tant qu'il n'est pas accoutumé à un lieu, le chat peut s'affoler et s'enfuir.

PROPRETÉ

La propreté du chat signifie, pour lui, faire sa TOILETTE, faire ses besoins à l'écart des lieux où il se repose et de ceux où il se nourrit, et les recouvrir.

La litière proposée par les hommes lui convient très bien,

mais il peut aussi choisir à l'occasion un pot de fleurs, car la terre est sa **LITIÈRE** naturelle. C'est la mère qui apprend au chaton la propreté : dès la 5e semaine, il fait ses besoins dans le bac prévu à cet effet et les recouvre soigneusement. En enterrant ses déjections, il signale qu'il n'est pas dominant à l'égard de sa mère, ou de son maître, et doit limiter la diffusion de son odeur, élément important de la **COMMUNICATION** des chats.
Un **MATOU** laisse des marques urinaires à l'odeur très forte : ce n'est pas de la saleté, c'est l'instinct du mâle. Il vaut donc mieux qu'ils vivent dehors.

Quand un chat fait ses besoins sur le tapis ou ailleurs, c'est peut-être qu'il est troublé par un changement ou inquiet. Pour nettoyer, il ne faut pas utiliser d'eau de javel ou d'ammoniaque, car ces odeurs attirent le chat. L'eau pétillante, ou un mélange d'eau et de vinaigre blanc, chasse l'odeur d'urine.

PROVERBES

- **À bon chat bon rat** (en affaires, quand l'un des deux est rusé, l'autre devient aussi malin) ;
- **Chat échaudé craint l'eau froide** (celui qui a été brûlé par l'eau chaude (échaudé) craint même l'eau froide, celui qui a eu une mauvaise expérience devient méfiant) ;
- **Il ne faut pas réveiller le chat qui dort** (inutile d'aller chercher des ennuis que l'on peut éviter) ;
- **La nuit tous les chats sont gris** (à certains moments, on peut faire des mauvais coups sans se faire repérer parmi les autres) ;
- **Quand le chat n'est pas là, les souris dansent** (quand celui qui fait la loi s'absente, les autres en profitent pour faire comme ils veulent).

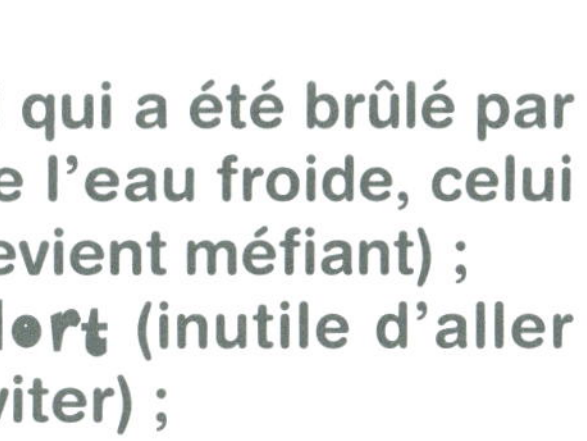

Queue rabattue lors d'une confrontation.

Queue à la vericale, attitude amicale.

Queue hérisée marquant la peur.

Queue en mouvement, menace.

QUEUE

Quand la queue du chat balance... quelque chose se prépare.

La position de la queue, comme celle des OREILLES, est un bon indicateur de l'humeur du chat : dressée à la verticale, elle est un signe amical ; dressée mais hérissée, elle marque la peur et le désir d'impressionner l'adversaire ; fouettant l'air rageusement, elle prévient, menace ; enfin, rabattue en rond sous le ventre, c'est la queue du chat en plein affrontement.

La queue a aussi une fonction essentielle dans l'ÉQUILIBRE du chat : elle sert de balancier, en particulier lorsque l'animal joue les acrobates sur une gouttière.

RACES DE CHAT DOMESTIQUE

(VOIR CHATS DE RACE P.102-103)

Tous les chats domestiques appartiennent à la même espèce (*Felis silvestris catus*), mais il existe actuellement une soixantaine de races différentes.

Les races anciennes sont à l'origine des chats de GOUTTIÈRE qui, dans un secteur géographique précis, ont pris une forme à peu près stable : les hommes les ont alors élevés pour reproduire leurs caractéristiques d'une génération à l'autre.
C'est le cas du SIAMOIS, du CHARTREUX ou de l'ANGORA. À la fin du XIXe siècle, il existait seulement une dizaine de races. Depuis, le chat étant devenu un animal à la mode, de nombreuses races nouvelles sont apparues, créées par des éleveurs et recherchées par les amateurs.

Certaines races sont issues d'anomalies génétiques : en faisant se croiser des chats (de gouttière ou autres) qui ont une caractéristique précise et rare, comme le poil légèrement frisé, on obtient une lignée de chats dans laquelle ce caractère génétique se reproduit. C'est ainsi qu'est apparue la race scottish fold, aux oreilles rabattues, ou l'american wirehair, au poil rude et bouclé. Ces sélections amènent parfois à des résultats absurdes : le sphinx, chat sans poils, ne pourrait pas survivre dans la nature.

D'autres races sont créées à partir de croisements entre races différentes : ainsi, le british shorthair a été obtenu en croisant des chats de gouttière au corps trapu, vivant en Grande-Bretagne, avec des persans. Résultat : un chat au poil court mais très dense.

Une soixantaine de races sont homologuées par la Fédération féline internationale, leur modèle (« standard ») est fixé, et des EXPOSITIONS FÉLINES présentent les plus beaux individus. Les races les plus courantes en France sont le persan, le birman, le siamois et le chartreux, le maine coon et le chat des forêts norvégiennes… mais on n'en voit pourtant pas souvent : 95% des chats vivants en France sont des chats de gouttière.

RATS

Ce gros rongeur, mangeur de grains mais aussi de toutes sortes de détritus, a suivi l'homme partout sur terre. Le rat noir vit plutôt à la campagne, tandis que le rat surmulot, rapporté des Indes au XVIIIe siècle, est le gros

CHATS DE RACE

Abyssin
L'abyssin ressemble aux chats élancés de l'Égypte ancienne. Il porte un pelage soyeux et dense, souvent de la couleur du lièvre.

Chartreux
Le « chat bleu », originaire des montagnes d'Iran et de Turquie, porte un pelage gris sombre très dense et des yeux orangés.

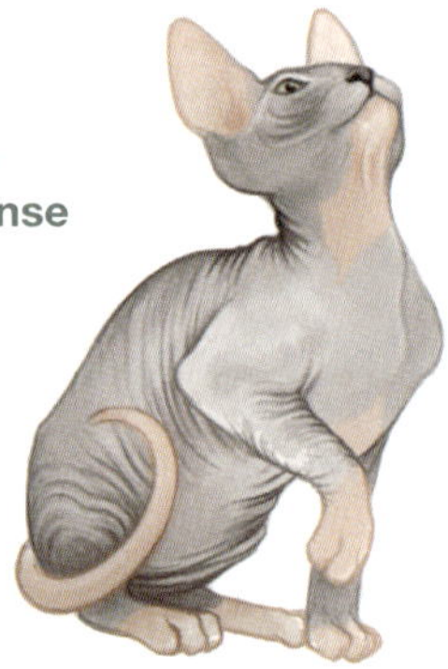

Sphinx, ou chat nu
Ce chat de race récente, sélectionné à partir d'une anomalie génétique, est couvert d'un léger duvet semblable à du daim. Il ne supporte pas le soleil et ne pourrait survivre dans la nature.

Chat des forêts norvégiennes
Adapté au climat froid, ce chat porte un long pelage imperméable qui s'épaissit en hiver. C'est un excellent chasseur.

Maine coon
Cette race s'est formée dans le Nord-Est américain par sélection naturelle face aux hivers très froids. C'est un poids lourd (8 à 10 kg), couvert d'une épaisse toison.

Manx

Le chat de l'île de Man (en mer d'Irlande), très ancien, est « anoure » (dépourvu de queue). Sur les îles se développent souvent des formes particulières.

Persan

Ce petit chat issu de l'angora porte une somptueuse fourrure, longue et soyeuse. Son museau est un peu écrasé. C'est un chat de salon, très doux, dont le pelage nécessite des soins quotidiens.

Ragdoll

Issu du croisement entre un angora et un birman, sélectionné pour la douceur de son caractère, ce chat se laisse soulever comme une poupée de chiffon (ragdoll en anglais), les muscles décontractés.

British shorthair

Le corps trapu, la tête ronde, le pelage court et dense font ressembler ce chat à une peluche.

Siamois

Originaire de Thaïlande, le siamois au corps longiligne, revêtu d'une robe à « points » (extrémités sombres), a des yeux bleus ciel… et un caractère très affirmé.

rat des villes. Le chat ne s'attaque qu'aux jeunes (qui pèsent entre 50 et 150 g), mais ceux-ci se défendent et peuvent le blesser.

Le chat limite les populations de rats en tuant beaucoup de jeunes, au printemps et à l'automne.

RELATION AVEC LE MAÎTRE

Le propriétaire d'un chat n'est jamais vraiment son « maître ». Le chat entretient avec lui des relations faites de confiance, sans obéissance.

Le lien entre le chat et son propriétaire repose sur un malentendu : le chat nous prend pour une sorte de mère. Il conserve toute sa vie, à l'égard de son maître, un comportement un peu infantile, qui lui fait apprécier ses caresses, ronronner sur ses genoux comme un chaton, et accepter ses réprimandes. En dehors de cette confiance, le chat adulte ne devient jamais tout à fait dépendant, ni soumis.

À la différence d'un chien, il n'obéit pas : il agit selon son instinct et son CARACTÈRE. Dans une certaine mesure, le propriétaire peut ÉDUQUER SON CHAT, encourager ou réprimander certains comportements. Il est surtout invité à observer et comprendre son chat, à être en relation avec lui, tout en respectant l'indépendance de l'animal.

REPRODUCTION

Une chatte peut mettre au monde deux ou trois portées par an, de 2 à 6 petits, et cela tout au long de sa vie. C'est rarement le cas : la STÉRILISATION, ou la vigilance des propriétaires, l'empêche de se livrer à son instinct. Toutefois, là où les chats sont libres, ils deviennent rapidement nombreux, formant des BANDES DE CHATS qui sont en fait de grands groupes familiaux. Les MATOUS (mâles non castrés) sont tout le temps disponibles pour l'accouplement, mais celui-ci ne se produit qu'à l'invitation de la chatte, quand elle est en CHALEURS. La chatte est une MÈRE attentionnée. Elle élève seule ses petits.

RETOMBER SUR SES PATTES

Un chat, dit-on, retombe toujours sur ses pattes.

Dès l'âge de 40 jours, le chaton peut en effet se rétablir au cours d'une chute… mais pas dans n'importe quelles circonstances. Il ne peut le faire que s'il tombe à l'horizontale (le corps parallèle au sol). Une chute à la verticale (colonne vertébrale perpendiculaire au sol) est souvent fatale. Il lui faut entre un quart et une demi-seconde pour se rétablir, ce qui correspond à une chute d'au moins 1,50 m. S'il tombe de plus bas, il n'a pas le temps de se remettre dans le bon sens et peut mal tomber. Ce sont les yeux et l'oreille interne, organe de l'ÉQUILIBRE, qui permettent au chat de repérer instantanément sa position par rapport au sol : durant la chute, il tourne d'abord ses pattes antérieures vers le sol, les hanches suivent le mouvement et le chat se retrouve debout, les quatre pattes en avant pour amortir le choc. Malgré cette étonnante capacité, toute chute est dangereuse, et mieux vaut éviter de laisser un chat chasser les mouches au bord d'une fenêtre…

RÊVE

Durant certains moments du **SOMMEIL**, l'agitation des pattes, des oreilles ou des moustaches, ouvre un joli point d'interrogation : à quoi rêve donc le chat ? Des spécialistes ont étudié, grâce à une sonde introduite dans le cerveau, le sommeil agité des chats. Ils rêvent cinq heures par jour, trois fois plus que les humains, et leurs songes semblent centrés sur le jeu, la bagarre, la chasse ou la toilette.

ROBE

Couleur et motif du pelage définissent la « robe ».

La robe d'un chat est une surprise de la génétique. Chaque couleur, chaque motif sont associés à un gène précis. Pour les chats de **RACE**, les éleveurs parviennent à favoriser telle ou telle robe, mais pour les chats de **GOUTTIÈRE**, c'est l'affaire du hasard.

Chaque type de robe porte un nom précis, souvent en anglais. La robe « **TABBY** » est selon les cas tigrée (rayée), tachetée (rayures interrompues) ou marbrée (rayures larges). C'est la robe la plus commune, et le camouflage naturel des chats sauvages. Les chats **HARETS**, retournés à l'état sauvage, sont le plus souvent des tabbies : ceux qui portent d'autres robes ont plus de difficultés à survivre dans la nature, car les proies les repèrent plus facilement et ne se laissent pas attraper. Les robes « à points » (colourpoint), sont unies, claires, et marquées de taches sombres (les « points ») sur la queue, le bout des pattes, les oreilles et la face. C'est la robe des chats siamois, qui existe aujourd'hui chez d'autres races.

Chat écaille-de-tortue et blanc.

Les couleurs ont également leurs désignations, sans parler du blanc ou du noir, il est des couleurs bien plus subtiles, comme l'indique leur nom : bronze, lilas, cannelle, chocolat, argenté, bleu... La robe « écaille-de-tortue », mêlant le noir, le roux et le crème, n'apparaît que chez les femelles, pour des raisons génétiques (il existe de rares mâles écailles-de-tortue mais ils sont stériles).

RONRONNEMENT

Ce drôle de murmure est produit par des vibrations qui viennent tantôt de la gorge, tantôt du ventre : c'est pourquoi le chat peut ronronner sans s'arrêter, quand il inspire ou quand il expire, et même en tétant ou en mangeant.

Le ronronnement est le premier son émis par le chaton (à partir du 2e jour, lors de la tétée). C'est d'abord un moyen de COMMUNICATION entre la mère et ses chatons : la mère ronronne en allaitant, en toilettant ses petits, en signe d'apaisement. Plus tard, le ronronnement est l'expression du plaisir, tout comme le PÉTRISSAGE : le chat ronronne quand on le caresse, ou quand on lui donne à manger, ou quand un chat ami s'approche. Enfin, c'est un signe de confiance, d'abandon : le chat ronronne aussi dans des situations difficiles, comme lors de la mise bas, ou chez le vétérinaire, au moment de mourir.

RYTHME

Le rythme de la vie du chat n'est pas tout à fait le même que le nôtre. Il passe les deux tiers de son temps à dormir, mais son SOMMEIL est réparti tout au long des 24 heures. C'est à l'aube et au crépuscule qu'il est particulièrement actif, comme la plupart des félins dans la nature. Son instinct de CHASSE se réveille alors, et un chat d'APPARTEMENT peut avoir des « crises du soir » pour cette raison : il se met à bondir follement ! La NUIT peut l'inviter au vagabondage et à la rencontre amoureuse. Enfin, selon les saisons, l'activité est plus ou moins intense : en hiver, le chat grossit, son pelage est plus épais, il sort moins. Les CHALEURS de la

femelle n'apparaissent que du printemps au début de l'automne : la belle saison sera active, d'autant plus que les proies (souris, oiseaux, jeunes lapins) se multiplient.

SENS

Le chat dispose de sens aiguisés parfaitement adaptés à la **CHASSE**.

Il repère ses proies grâce à une très bonne **VUE**, en particulier dans l'obscurité. Son **OUÏE** est si fine et précise, qu'il détecte les infimes couinements des souris et sait les localiser. Son **ODORAT** joue un rôle moins important dans la chasse et sert surtout à communiquer. Il dispose enfin d'un sens tactile (perception au toucher) très fin, grâce à ses **VIBRISSES**, aux **COUSSINETS** de ses pattes et à son **PELAGE**.

SIAMOIS

Cette race est originaire de Thaïlande (ancien royaume de Siam), où le siamois était le chat de la cour royale. Son élevage en Europe a commencé à la fin du XIXe siècle. Ce grand chat tout en finesse, revêtu d'une robe « à points » (colorée aux extrémités et au museau), a un caractère très particulier. Sociable, curieux et bavard, il ne supporte pas la solitude et peut lasser avec ses miaulements insistants. Il aime jouer avec l'eau.

SOMMEIL

Le chat dort 16 heures par cycle de 24 heures, soit les deux tiers de sa vie.

Comme tous les **FÉLINS**, il a besoin d'un grand temps de repos, car la **CHASSE** nécessite des efforts violents. Ce besoin demeure chez les chats domestiques… même ceux qui ne chassent que des souris en caoutchouc !

C'est par petites siestes, réparties tout le long du jour et de la nuit, que le chat tombe dans le sommeil. Les chats habitués à sortir la **NUIT** dorment plutôt le jour, mais durant leurs aventures

nocturnes, ils font volontiers des haltes au pays des rêves.

En prédateur, ne craignant rien des autres animaux, le chat ne se cache pas pour dormir. Il cherche avant tout le confort : coussin, lit ou pile de vêtements lui sont fort agréables… tout comme le coin du feu en hiver, le carrelage baigné de soleil, ou la fraîcheur de la haie en plein été. Surpris par une brusque somnolence, le chat s'endort parfois « au poste » : perché sur un muret, assis sur un bureau…

La posture du sommeil varie selon les circonstances : roulé en boule (surtout quand il fait froid), affalé sur le côté, ou étalé à plat ventre (lorsqu'il fait chaud). Quand il est couché « en sphinx », la tête droite, le chat somnole, sans vraiment dormir. Les bruits familiers le laissent indifférent, mais tout ce qui est inhabituel met sa vigilance en alerte.

« Ne réveillez pas le chat qui dort », dit le proverbe : n'allez pas chercher les ennuis qui peuvent être évités. C'est donc qu'il est possible, peut-être même pour une souris, de passer discrètement à côté du chat, en le laissant dormir, et RÊVER.

SORCIÈRES

(VOIR LE CHAT ET LES SORCIÈRES P. 112-113)

Dans les contes pour enfants, ce n'est pas pour rien que les sorcières ont toujours un **CHAT NOIR**. Le lien entre chat et sorcière est une longue histoire.

Lié à la déesse BASTET en Égypte, le chat est devenu ensuite le compagnon des prêtresses et devineresses en Grèce et dans l'Empire romain... et plus tard de celles qu'on appela les « sorcières ».
Ces femmes n'étaient pas méchantes et n'avaient pas de pouvoirs magiques, mais elles savaient soigner par les plantes. C'était souvent des femmes comme les autres, mais vivant seules, un peu à l'écart.
Elles étaient détestées par l'Église chrétienne, qui voulait éliminer toutes les croyances anciennes. À la fin du Moyen Âge, l'Église fit « la chasse aux sorcières » : des femmes furent torturées, obligées d'avouer qu'elles étaient complices du diable, et que leur chat était le démon. Chat et sorcière finissaient brûlés vifs.

SOUPLESSE

Retourné sur lui-même sans effort, une épaule renversée mollement par-dessus bord, le chat lèche longuement l'arrière de sa cuisse ou la base de sa queue, montrant son extraordinaire souplesse dans ce geste banal. Son squelette le permet : il peut déplacer chaque épaule indépendamment de l'autre, car sa clavicule (l'os qui rattache chaque épaule à la cage thoracique) est presque inexistante. Les pattes antérieures sont ainsi simplement reliées à la poitrine par des muscles, d'où sa démarche élégante et sa grande liberté de mouvement. Sa colonne vertébrale est également très souple, les vertèbres étant maintenues entre elles non pas par des ligaments, dont l'extension est plus limitée, mais par des muscles. C'est ainsi que la tête peut pivoter dans tous les sens, et que le dos peut s'arquer, s'arrondir ou faire la vrille lorsque le chat bondit... tout cela avec la plus grande aisance. Son poitrail et son bassin étroits lui permettent de se faufiler partout où il peut passer la tête.

SOURIS, CAMPAGNOLS, MULOTS...

Ces petits rongeurs se nourrissent principalement de graines... et prolifèrent donc auprès des hommes qui cultivent les céréales. Le campagnol et le mulot vivent dans les champs, le chat peut en tuer jusqu'à quinze par jour... et préserver ainsi des tonnes de céréales chaque année !

Très discrets, ces animaux sont très difficiles à surprendre, mais pas pour le chat, qui repère leurs mouvements et entend le moindre couinement. Il peut également détruire une par une toutes les souris d'une maison, en les guettant patiemment. Les proies les plus faciles sont les souriceaux de 2 ou 3 semaines. Les souris adultes n'ont pas plus de chances de s'échapper, mais il faut se méfier, elles peuvent mordre. Pourtant, le chat prolonge souvent l'excitation de la chasse en jouant avec sa proie un long moment.

Enluminure, Angleterre, vers 130.

STÉRILISATION

Suppression des ovaires d'une chatte, pour empêcher la reproduction.

Entre 6 mois et un an, la chatte peut avoir ses premières CHALEURS... Si l'on ne souhaite pas qu'elle ait des petits, il faut l'emmener chez le vétérinaire pour la faire stériliser : cette intervention chirurgicale sous anesthésie consiste à enlever les ovaires. La chatte ne pourra plus avoir de chatons, et n'aura plus de chaleurs. L'opération peut être faite à partir d'environ 7 mois.

CHAT ET SORCIÈRES

Les sorcières sont souvent représentées en compagnie d'un chat noir comme sur cette lithographie...

SER. 804

SUPPLICES

Tout en étant utiles aux hommes, les chats ont été très longtemps mal aimés en Europe, et ont subi toutes sortes de supplices.

Exposés aux dangers de la vie (maladies, mauvaises récoltes et autres catastrophes), les hommes cherchaient autrefois à s'attirer les faveurs des dieux en offrant des sacrifices : des humains ou des animaux étaient tués dans l'espoir d'apaiser les dieux et de détourner leur colère.

Ces croyances très anciennes ont disparu, mais il en est resté des traces, comme la coutume d'emmurer un chat (MURS) pour éloigner le mauvais sort d'une maison. En Europe, le chat participait, bien malgré lui, à toutes sortes de cérémonies rythmant l'année. Ainsi, au carnaval, lorsqu'on brûlait le mannequin représentant l'hiver, on jetait quelques chats dans le feu. À la Saint-Jean (24 juin), des feux de joie célébraient la future récolte, et l'on y jetait parfois un sac de chats. À Ypres (en Belgique), le premier jour du Carême (le jeûne chrétien qui dure de mi-février jusqu'à Pâques), on précipitait des chats vivants du haut du beffroi : ils représentaient le « mal » dont on se débarrasse...

Aujourd'hui, toutes ces sinistres coutumes sont abandonnées.

TABBY

Nom anglais utilisé couramment pour désigner la robe des chats rayés.

Un chat « tabby » est ce qu'on appelle en français un chat tigré. Mais chez les amateurs, on dis-

Chat tabby marbré.

Chat tabby tacheté.

Chat tabby tigré.

tingue plusieurs sortes de robes tabby. De fines rayures serrées font un chat tabby tigré ; des larges rayures, comme des marbrures, font un chat tabby marbré ; enfin, des rayures fines mais discontinues font un chat tabby moucheté ou tacheté (les rayures apparaissent alors plutôt comme de petites taches).

TATOUAGE

Le tatouage n'est pas obligatoire, sauf lorsque le chat change de propriétaire (vendu ou donné), et dans les départements infectés par la rage. Mais il est fortement recommandé : le vétérinaire imprime dans l'oreille du chat un numéro qui est enregistré au Fichier national félin avec le nom du chat et l'adresse de son propriétaire. Grâce au tatouage, un chat perdu peut être restitué à ses maîtres.

TERRITOIRE

S'il peut aller et venir à sa guise, un chat ne s'en prive pas.

Son jardin ou sa cour, délimités par les frontières humaines (mur, clôture, haie), il les quitte d'un bond pour vagabonder aux alentours... mais il revient toujours, car il est très attaché à ses lieux familiers.

Aucun intrus n'est admis dans son foyer, son refuge. Tout autour

s'étend sa zone d'habitation et de promenade, son domaine, qu'il parcourt chaque jour et marque de son odeur : s'il y croise un voisin, c'est la dispute. Au-delà, il fréquente une zone de chasse étendue, qu'il partage avec d'autres chats. Les voisins finissent par se connaître, certains nouent des AMITIÉS. Chacun s'introduit volontiers chez les autres, mais en choisissant ses mo-ments, pour éviter les BAGARRES. Les mâles ont des territoires plus étendus que les femelles. En ville, les chats ne s'éloignent guère audelà d'un kilomètre, tandis qu'à la campagne, le chat peut chasser sur plusieurs kilomètres à la ronde.

TIBERT, GRIPPEMINAUD, RAMINAGROBIS

Ces chats des romans et fables d'autrefois sont toujours gourmands, rusés, hypocrites et voleurs…

Tibert est le chat gourmand et trompeur du *Roman de Renart* ; Rodilard, Grippeminaud et Raminagrobis, héros de fables de La Fontaine, savent apitoyer les rats, se faire amis avec les oiseaux ou faire semblant d'être morts pour mieux attirer leurs proies…

Le vieux chat et la jeune souris. Fable de Jean de La Fontaine (1621-1695) ; illustration de R. de La Neziere (1930).

Le chat qui fait « patte de velours » et prépare ses coups en douce (que ce soit pour attraper la souris ou mettre la patte dans le pot de crème) porte à ravir le manteau de l'hypocrite… dans ces histoires où il s'agit surtout de dénoncer, à travers l'animal, un défaut des hommes.

TITI ET GROS-MINET (TWEETY AND SYLVESTER)

Série de dessins animés de Robert Clampett et Friz Freleng (États-Unis, 1942-1964).

Cette fois, c'est l'oiseau contre le chat. Le chat sur le coussin, l'oiseau dans la cage, et entre les deux, la charmante et vigoureuse mamie. L'énervant Titi provoque sans cesse le gros matou, qui se lance à sa poursuite, fait toutes sortes de bêtises, et pour finir se fait gronder par la grand-mère pendant que le gentil Titi joue l'innocent. C'est le tiraillement du chat entre sa vie de bon matou et son instinct de prédateur qui est mis en scène dans ces histoires farcies de gags… toujours aux dépens du chat.

TOILETTAGE

Coiffage et démêlage du pelage des chats.

Certains chats à **POILS LONGS**, comme le persan, ne peuvent assurer eux-mêmes l'entretien de leur fourrure : des nœuds et des mèches se forment très vite, attirant les **PARASITES**. Les salons de toilettage prennent rarement les chats, car ceux-ci n'acceptent le soin que d'une main familière. Dès son jeune âge, il est donc bon d'habituer un persan ou un ragdoll à être peigné chaque jour. D'autres chats à poils longs, dont le pelage est une adaptation au milieu naturel, n'ont pas besoin de tant d'attention : l'angora, le chat des forêts norvégiennes, le maine coon ne doivent pas être brossés trop souvent (une fois par semaine), sauf au printemps, quand ils perdent une partie du sous-poil de l'hiver.
Pour un chat à poils courts, la **TOILETTE** faite par l'animal suffit. Mais une légère caresse sur son pelage l'aide à éliminer les poils morts : voilà un toilettage simple et agréable que l'on fait sans y penser.

TOILETTE

Le chat fait une toilette complète au moins deux fois par jour… ce qui l'occupe un bon tiers de son temps d'éveil : c'est presque son activité principale.

Dès l'âge d'un mois, les chatons accomplissent à la perfection ce rituel savant. Grâce à l'incroyable SOUPLESSE du corps, la langue râpeuse lèche presque tout le corps (le dos, le ventre, les pattes, la queue). Ici et là, un petit coup de dents démêle les poils et extirpe les intrus (PARASITES). Enfin, les pattes antérieures, humectées de salive, font les gants de toilette pour atteindre la face, le sommet de la tête, les oreilles, la nuque. La langue débarrasse le poil des poussières, des pellicules, des poils morts : tout est avalé. Comme les poils ne peuvent pas être digérés, ils forment dans l'estomac des chats à poils longs de petites pelotes que l'animal régurgite de temps à autre : il provoque des vomissements en mangeant de l'herbe, ou de l'HERBE À CHATS. Le léchage stimule la production

de sébum par la peau : cette sécrétion grasse protège et imperméabilise le poil. Enfin, en se léchant, le chat absorbe une vitamine indispensable (la vitamine D) : la toilette est une vraie cure de santé !

Elle est aussi un moyen de **COMMUNICATION** entre chats : la mère toilette abondamment ses chatons, et deux chats amis se lèchent volontiers les oreilles. Enfin, faire sa toilette, c'est un peu comme se passer la main dans les cheveux, ou se frotter le sourcil : ça fait du bien sans y penser. Ainsi, quand il est contrarié (parce qu'il a raté une mouche, ou que la porte est fermée), le chat se lèche un moment, le temps de retrouver sa bonne humeur...

TOM ET JERRY

Série de dessins animés de William Hanna et Joseph Barbera (1940-1958).

Tom le chat vit aux côtés de Jerry la souris, son ennemi... inséparable. Chaque épisode de ce dessin animé est une variante comique de la poursuite éternelle entre le chat et la souris. Depuis des siècles, l'élan furieux qui prend les chats au passage des souris symbolise la force de l'instinct, l'impossibilité de lutter contre la nature : les chats poursuivent les souris, c'est plus fort qu'eux, rien ne peut les en empêcher... même pas, dans le cas du pauvre Tom, la certitude que l'aventure se termine toujours avec des plaies et des bosses, ni la tranquillité énervante de Jerry, toujours hors de portée !

TOUCHER

Son pelage soyeux, sa démarche féline, sa patte de velours, ses moustaches vibrantes, tout chez le chat invite au toucher... peut-être parce que ce sens est chez lui essentiel.
Le chat est tout entier un récepteur tactile : par ses **VIBRISSES** (moustaches), du bout de ses **COUSSINETS**, mais aussi par son **PELAGE** qui ressent les moindres variations du milieu ambiant, et qu'il laisse volontiers caresser.

VACCINS

Les vaccins protègent les chats contre quelques maladies graves. La vaccination est obligatoire contre le typhus (qui provoque des diarrhées et vomissements), le coryza (une maladie respiratoire) et la leucose (maladie du sang) : il faut faire vacciner le chaton à partir de l'âge de deux mois, avec un rappel une fois par an. La vaccination contre la rage n'est obligatoire que dans certains départements.

VENISE

La légende de la fondation de Venise met en scène un chat providentiel, porteur de chance, comme celui de **DICK WHITTINGTON** ou comme le **CHAT BOTTÉ**.

Au Ve siècle, les habitants de la Vénétie, fuyant devant les Huns, se réfugiaient à chaque invasion sur les îlots de la lagune, où s'établit peu à peu la cité de Venise. Comme ils n'avaient pas de terres à cultiver, les Vénitiens se tournèrent vers la mer et le commerce. On raconte qu'un commerçant, avant de partir pour une expédition, demanda à un pauvre quelle marchandise il avait à vendre. L'homme n'avait que deux chats : ils les confia au commerçant. Quand celui-ci débarqua sur une terre dévastée par les rongeurs où les chats étaient encore inconnus, il vendit très cher les deux chats et fit la fortune de celui qui les lui avait confiés.

Aujourd'hui encore, allongés paresseusement dans les ruelles, sur les barques des canaux, au pied des statues, ils font partie du paysage à Venise, et dans chaque quartier, des vieilles dames, les *mamme dei gatti* (« mamans des chats ») nourrissent les chats des rues.

VÉTÉRINAIRE

Les vétérinaires sont les amis des chats, mais les chats ne le savent pas… et la visite est parfois mouvementée.

Elle commence par l'épreuve de la salle d'attente où chats et chiens se côtoient, pas toujours calmement. Le panier est indispensable : il rassure le chat, qui

est très inquiet. Arrivé dans le cabinet du vétérinaire, l'angoisse du chat est perceptible : il gonfle ses poils, il gronde. Souvent, le vétérinaire commence par vérifier le réflexe d'**INHIBITION** de l'animal : s'il se laisse faire, il sera plus facile à soigner. Puis il lui prend sa température, l'examine et procède aux soins nécessaires. être en confiance, rester calme, parler à son animal et le tenir fermement si nécessaire... c'est le meilleur moyen de l'aider à traverser ce moment délicat.

VIBRISSES

Les vibrisses sont des poils plus longs et plus épais que les autres, et dont les racines, plus profondes, sont en contact avec le système nerveux.

La **MOUSTACHE** du chat est constituée de vibrisses, mais il en a aussi au-dessus des yeux, sur la joue, et une petite touffe à l'arrière des pattes antérieures. Ces poils épais, dont les racines sont en contact avec des terminaisons nerveuses, captent les vibrations et le moindre courant d'air. Ils

permettent aussi au chat de détecter la présence et les mouvements d'objets très proches. Ainsi, une mère qui porte son petit dans sa gueule oriente sa moustache vers le bas pour capter les mouvements du chaton ; un chat posté devant un trou de souris dans la nuit perçoit sans le voir le passage de sa proie.
Les vibrisses situées au-dessus des sourcils protègent les yeux : le chat les ferme dès qu'un obstacle frôle ces précieux avertisseurs.

La longueur des moustaches, de part et d'autre du museau, a aussi sa fonction : elle correspond à la largeur maximum du corps. Ainsi, quand le chat se déplace dans l'obscurité totale, ses « antennes » lui indiquent s'il peut passer.

VIE SOCIALE

Le chat domestique est avant tout un solitaire. Mais il sait fréquenter ses congénères quand les circonstances l'y invitent.

Comme il ne chasse que de petites proies, le chat n'a besoin de personne. À l'inverse des lions, qui doivent se mettre à plusieurs pour attaquer les buffles ou les zèbres, le chat domestique ne vit pas en groupe... Mais il a des voisins, et il se débrouille pour **COMMUNIQUER** avec eux par des marques odorantes afin d'éviter les **BAGARRES**. Au contraire des chats de maison, les chats **ERRANTS** ont des relations sociales importantes.

VIEILLESSE

Il bondit moins facilement, il passe le plus clair de son temps à dormir (jusqu'à 18 heures par jour), son poil est un peu terne, il se laisse surprendre, il devient sourd, sa vue baisse... il se fait vieux, et il faut en tenir compte : l'approcher avec plus de douceur, le brosser plus souvent, l'emmener chez le vétérinaire s'il a mauvaise haleine, s'il a du mal à éliminer (diarrhée, incontinence, constipation), ou si des grosseurs poussent ici et là sur son corps. Tout cela peut être bénin, mais demande des soins. Sauf s'il est trop gourmand, un chat âgé mange moins, il a souvent l'air efflanqué, mais ce n'est pas de la maigreur : c'est l'âge. Il change, mais c'est bien lui, ce vieux compagnon, et il peut vivre de douces années, jusqu'au moment où son état se détériore et nécessite, peut-être, une **EUTHANASIE**.

VUE

La vue est un atout essentiel du chat lors de la **CHASSE**. Ses yeux placés frontalement (et non sur le côté comme les chevaux) lui offrent une vision binoculaire (le champ visuel des deux yeux se chevauche). Grâce à cela, il voit en relief et peut évaluer la distance qui le sépare de sa proie. La précision de sa vue est à son maximum entre 2 et 6 mètres. Son champ de vision large (il couvre 200° contre 160° chez

l'homme) permet au chat de percevoir le moindre mouvement sur son passage. Il ne voit pas très bien les couleurs, mais en revanche, il perçoit avec précision toutes les nuances du noir au blanc, ce qui est parfait pour chasser la NUIT. Son ŒIL extraordinaire, dont la pupille s'agrandit ou se rétracte selon la lumière, lui offre une excellente vision nocturne.

WHITTINGTON, RICHARD, « LORD PUSSY »

Ce personnage anglais, comme le héros du CHAT BOTTÉ, a fait fortune grâce à son chat…

Selon la légende, Dick Whittington, au XIVe siècle, s'était embarqué sur un navire, ne possédant rien d'autre qu'un chat. La tempête jeta le bateau sur une côte lointaine, infestée de souris et de rats : le chat du jeune homme les chassa si bien, que le roi du pays récompensa le maître et le laissa repartir avec de grandes richesses… en échange de son chat.

Revenu en Angleterre, Whittington devint maire de la ville de Londres entre 1397 et 1419, et fut surnommé « milord Cat », ou « lord Pussy » (*Pussy* étant le sobriquet habituel des chats en anglais, comme MINOU en français).

Depuis le XIVe siècle, l'histoire de Dick Whittington, qui est en grande partie une légende, est le thème de pièce de théâtre (ici en 1870) et de livres pour enfants.

INDEX

BIBLIOGRAPHIE

LIVRES DOCUMENTAIRES ET PRATIQUES

Laurence Bobis,
Les neuf vies du chat,
Découverte Gallimard, 1991.
Histoire du chat et des hommes depuis les Égyptiens jusqu'au XXIe siècle, avec de très beaux documents.

Brigitte Bulard-Cordeau,
Le Chaton,
Nathan, 1993.
Tout sur le chaton de la naissance à six mois, illustré de belles photos.

Stéphane Frattini, *Copain des chats*,
illustré par Sophie Toussaint, Milan, 1997.
Guide pratique et documentaire illustré.

Marie-Luce Hubert et Jean-Louis Klein,
Les Chats, races, hygiène, comportement,
édition SAEP,
68040 Ingersheim-Colmar, 1998.
Un guide pratique très complet.

Stéphano Salviati,
100 Chats de légende,
Solar, 2002.
Un beau livre qui passe en revue les chats imaginaires.

Hans Sylvester,
Les Chats du soleil,
De La Martinière, 1993.
Photos lumineuses de chats en liberté dans les îles grecques.

FICTIONS, BANDES DESSINÉES

Philippe Geluck,
Le Chat, *Le Retour du chat*, *Le Chat est content*,
et autres titres, Casterman.
L'humour pince-sans-rire d'un chat presque humain.

Rudyard Kipling,
« Le chat qui s'en va tout seul »,
Histoires comme ça,
traduit de l'anglais par Robert d'Humières et Louis Fabulet, illustrations d'Henri Galeron, Gallimard, Folio junior.
Voici comment la femme domestiqua le chat, ou plutôt comment le chat amadoua la femme… tout en restant « un chat qui s'en va tout seul ».

Jim Davis,
Garfield se jette à l'eau, *Fainéant et gourmand*, *Je suis beau !* (et autres titres),
éditions Dargaud.
La vie du chat Garfield auprès de son maître.

Peyo,
Les Schtroumpfs,
éditions Dupuis.
Le chat Azraël, compagnon du sorcier Gargamel, connaît bien des déconvenues dans ses tentatives pour attraper les petits bonshommes bleus…

Joann Sfar,
Le Chat du Rabbin,
(4 volumes : 1. La Bar-Mitsva, 2. La Malka des lions, 3. L'Exode, 4. Le Paradis terrestre).
Dargaud, 2002 à 2005.
Un chat philosophe, curieux et tendre, qui suit de près la vie et les rencontres de son maître.

Ursula K. Le Guin,
Les Chats volants,
illustré par S.D. Schindler,
Gallimard, Folio cadet.
Puisque ses chatons sont nés avec des ailes, Mrs Jane Tabby, leur mère, les invite à voler de leurs propres ailes...

Edgar Poe, *« Le Chat noir »*,
Nouvelles Histoires extraordinaires,
traduit de l'anglais par Charles Baudelaire,
Gallimard, Folio junior.
Une histoire de chat fantastique et sombre.

Colette,
Dialogues de bêtes,
Gallimard, Folio.
Les conversations paresseuses de la chatte Kiki-la-doucette avec le chien Toby...
Une merveille, écrite en 1904.

Crédits photographiques

P.10 © Collection Kharbine-Tapabor
P.12 © Hans Silvester / Rapho
P.20 © Collection Kharbine-Tapabor
P.21 © AKG-images / Werner Forman
PP.22-23 © Éditions Hauray, 2003 ;
Felix The Cat Production / King Feature Syndicate INC.
P.32 © Collection Kharbine-Tapabor
P.34 © AKG-images
P.43 © Hans Silvester / Rapho
P.47 © AKG-images / Walter Linot
PP.48-49 © AKG-images
PP.54-55 © British Museum, London, UK / The Bridgeman Art Library
P.64 © Putelat Pierre / Hoa-qui
PP.96-97 © AKG-images
P.111 © AKG-images
PP.112-113 © Private Collection / The Bridgeman Art Library
P.116 © Collection Kharbine-Tapabor
P.123 © AKG-images / Archie Miles

Conforme à la loi n° 49 956 du 16 juillet 1949
sur les publications destinées à la jeunesse

Achevé d'imprimer sur les presses de POLLINA en France : n° L42199
Dépôt légal : mars 2007
ISBN : 978-2-7324-3536-7